U0109919

開天闢地

中國古典神話時代及其類型

高有鵬 著

目次

序言

二十世紀中國民間文學的個案或專題研究，成就最突出者首推神話。或曰，這與神話作為民族古老的記憶的特殊性有關。

「神話」作為一個詞語，早在元明時期的代筆記如湯顯祖編《虞初志》[1]中就已經出現，而作為一個現代人文學科概念，確實是由蔣觀雲他們較早提出來的[2]；具體探究這一概念的文化內涵及產生原因等學科意義者，則是與蔣觀雲同稱為「近世詩界三傑」的夏曾佑[3]。夏曾佑稱春秋以前的歷史為「傳疑時代」，他說：「大凡人類初生，由野番以成部落，養生之事，次第而備，而其造文字，必在生事略備之後。其初，族之古事，但憑口舌之傳，其後乃繪以為畫，再後則畫變為字。」

1 見其中《任氏傳》，清掃葉山房版。
2 梁啟超：《神話・歷史養成之人物》，《新民叢報・談叢》一九〇三年第三十六號。
3 夏曾佑《最新中學中國歷史教科書》「上古神話」，第一冊首印於光緒三十年即一九〇四年，一九三三年商務印書館重印時改名《中國古代史》。

這一論點對人有很深的啟發。早期研究神話的著述，成就突出者可數黃石的《神話研究》[4]、謝六逸的《神話學ＡＢＣ》[5]、茅盾的《中國神話研究初探》[6]等著作。黃石在《神話研究》中編譯介紹了西方的神話學理論和西方一些國家的神話作品，評介了神話研究中的隱喻學派、言語學派、人類學派，並對神話進行分類，這對中國神話學的建設有非常重要的意義。謝六逸的《神話學ＡＢＣ》主要是對西村真次、高木敏雄、克賴格等人的神話學著作進行編譯介紹，他非常看重比較研究法，選取自然神話、人文神話、洪水神話、英雄神話四種類型，對中國和希臘等國的神話進行比較研究，對時人頗有啟發。茅盾在他的著作中依據人類學派的神話學理論，把古希臘神話、北歐神話與中國古代神話結合在一起，進行比較研究。這部著作被視為中國神話學的開山之作，是因為作者對中國神話進行了認真的清理與發掘，提出了許多獨到的見解。如他認為，神話是初民「知識的積累」，是他們在原始信仰與求知欲、好奇心的結合下對宇宙所作的合理而真實的解釋。他還認為，古代典籍中現存的中國神話片斷而不成體系，可能出自北、中、南三種地域。他認同胡適提出的「古代的中國民族是一種樸實而不富於想像力的民族」的觀點，考證出女媧神話、黃帝伐蚩尤神話等出自「頗乏天惠，其生也勤」的北方民族，《楚辭》中的神話是溫帶地區的中部民族的創造，以兩粵為代表的南方民族則創造了盤古開天造地神話。作者還提出中國神話的歷史化、宗教化、審

4 黃石：《神話研究》，開明書店一九二六年初版。

5 謝六逸：《神話學ＡＢＣ》，世界書局一九二八年版。

6 茅盾：《中國神話研究初探》，世界書局一九二八年版（原書名沈雁冰《中國神話研究ＡＢＣ》）。

美化給神話的保存帶來了損傷，考證出《山海經》是一部記載神話最豐富的典籍及其成書年代，論述了盤古、女媧、夸父、蚩尤、伏羲、黃帝、帝俊等神話的結構及價值。繼黃石、謝六逸、茅盾之後，在神話學上貢獻較大的可數聞一多、芮逸夫和顧頡剛等人。聞一多的《神話與詩》[7]把民族學、社會學、考古學等新的研究方法運用於神話研究和文學史研究之中，表現出文化視野中的多維視角，這部著作的出版標誌著中國神話學研究進人了一個新的階段。聞一多在一九四〇年代初先後寫了《從人首蛇身像談到龍與圖騰》、《戰爭與洪水》、《漢苗的種族關係》和《伏羲與葫蘆》等文章[8]，將神話研究與文化人類學的田野作業方法相結合，極大地開拓了神話研究的發展空間。聞一多的神話學思想常表現出熱情大於理性把握的學術特色，如他對伏羲神話的考察、對屈原神話詩美的探析、對龍圖騰的研究，都表現出強烈的學術激情；特別是在《伏羲考》中，他比較分析了四十九個民族的兄妹婚及洪水神話，指出造人與葫蘆崇拜的核心意義，考證出伏羲、女媧就是葫蘆、盤瓠就是葫蘆、人的始祖就是葫蘆。這種方法是很別致的，也是很有意義的。他對龍圖騰的研究情有獨鍾，指出龍的主體形象是蛇，後來糅合了馬的頭、鬢、尾，鹿的角，狗的爪，魚的鱗、鬚等而形成，並指出在中國影響深遠的五行觀念的源頭在於古代對五色龍的崇拜。芮逸夫的《苗族的洪水故事與伏羲女媧的傳說》[9]是實地調查後寫出的長篇論文。這篇論文是二十世紀三十年代神話學與

7 聞一多：《神話與詩》，開明書店一九四八年版。

8 這些文章在聞一多生前並未連綴成文，朱自清編《聞一多全集》時合編為《伏羲考》。

9 芮逸夫：《苗族的洪水故事與伏羲女媧的傳說》，中央研究院《人類學集刊》第一輯，一九三七年。

田野作業相結合的典範之作。在這裡，芮逸夫所關注的仍是伏羲、女媧神話，與聞一多不同的是，他集中對湘西苗族中流傳的洪水故事進行了母題分析。他對少數民族地區進行實地考察，獲取文獻之外的神話資料，這種方法不僅影響了聞一多一代學者把視野從古典文獻轉向考古資料和民間實錄，有力地推動了神話學的發展，而且影響了此後的半個多世紀，直到今天。以顧頡剛為代表、以疑古思想為核心的「《古史辨》[10]學派」，標誌著一九二〇年代至一九四〇年代中國史學領域考訂史料的重要成就，其中涉及到對古代神話的考訂。這主要體現在《古史辨》第七冊中，它分上中下三編，集中討論三皇五帝和秦漢間人造偽與辨偽問題，涉及到文獻中所有著名的神話人物；顧頡剛、楊寬、童書業、呂思勉、蒙文通等據此將這些所謂的「歷史」還原為原始神話。顧頡剛以禹在周人心中的地位，堯舜在孔子時代的地位、黃帝神農在戰國時的地位和三皇在秦、盤古在漢之後的地位為例，發現「時代愈後，傳說的古史期愈長」和「時代愈後，傳說中的中心人物愈放愈大」的文化發展規律，提出「層累地造成的中國古史」這一學說，強調考察歷史要「看它最先是怎樣的，以後逐步的變遷是怎樣的」，即在比較中辨析神話傳說的生成和演變。這種學術方法開啟一代史學新風，從根本上剝開了「史」與「詩」的外衣，推倒了千百年間經史中的神像，區分出神話傳說與史實，從而深化了神話學研究。這種方法的影響同樣貫穿在整個二十世紀，如徐旭生、丁山、朱芳

[10] 《古史辨》煌煌七卷，相繼十餘年間出版，其第一冊於一九二六年出版，第七冊出版於一九四一年，共三百五十篇文章。一九八一年上海古籍出版社重印成冊。

圃、孫作雲、袁珂等學者努力建造中國神話研究的歷史文化理論體系，在文獻中將神話傳說的幻影與史跡相剝離，其功莫大焉。此後，中國神話學的發展基本上是沿著兩條線進行探索的，一條是聞一多代表的以田野作業為突破點的研究路線，其成就更突出，另一條就是以顧頡剛為代表的史學考辨。田野作業在中國少數民族地區取得的成就非常大，如李子賢的《探尋一個尚未崩潰的神話王國》[11]，作者把雲南少數民族神話分為創世神話、人類起源神話、自然神話、洪水神話、文化發明神話、英雄神話、風俗神話、動植物神話和圖騰神話九大類別，強調它們既是幾種體系的融合，又接受了中原文化、南方文化和印度文化的具體影響，具有多樣性的特徵。長時期以來，人們都以為中國神話除了典籍的零星記錄之外，只是在邊疆少數民族地區得到較為完整的保存，無獨有偶，在中原地區也發現了同樣完整的活形態的關於原始時代的神話傳說，這就是中原地區譜系分明的古典神話。鍾敬文把這一發現稱作「中國神話研究者的福音，同時也是世界神話學者的一種奇遇」，是「文化史上的奇跡」[12]。神話研究越來越明顯地呈現出一種大趨勢，那就是綜合研究，包括以文獻典籍為線索，以田野作業為突破，以多種學科知識為利器的綜合性探索。神話研究的深入對於整個民間文學史的寫作具有異乎尋常的意義，它有助於後來民間文學的正本清源。其他像以葉舒憲為代表的學者把神話研究提高到文化哲學的範疇[13]，這不僅有益於神話學體系的多元構成，而且有利於

---

11 李子賢：《探尋一個尚未崩潰的神話王國》，雲南人民出版社一九九一年版。

12 鍾敬文：《中原古典神話流變論考》「序一」，上海文藝出版社一九九一年版。

13 葉舒憲：《中國神話哲學》，中國社會科學出版社一九九二年版。

整個人文學科的發展，其意義在於昭示了神話研究的視野必須不斷拓展，在某種程度上講，多維的思路就是人文學科的出路。當然，神話研究不能隨意嫁接移植，其基礎性研究仍是不可忽視的一個環節。這使人想起顧頡剛先生的《〈莊子〉和〈楚辭〉中崑崙和蓬萊兩個神話系統的融合》[14]。顧先生認為，崑崙神話發源於西部高原地區。一經流入東部，便在燕吳齊越一帶形成蓬萊神話；戰國時代的中後期，二者在各自流傳發展之後形成了新的統一的神話世界。固然可以把這篇文章看作是《古史辨》的遺音，但更應該由此看到神話研究最重要的還是對文獻典籍的熟練掌握；離開了這個基礎，所謂的突破將是空中樓閣。目前，在神話的文獻典籍整理上，袁珂等學者做出了可喜貢獻[15]；但從總體上看，有一些青年學者在這一基礎研究方面是明顯不足的，其妄談神話的學風及忽視神話學基本理論規範的現象表現出許多缺憾。

神話傳說的意義不僅僅在於民間文學範疇之內，但是，沒有民間文學意義上的神話傳說故事，這種文化現象可能就難以生存。神話具有民族性、地域性和時代性，其每一次傳播都被賦予新的文化價值。其普遍性意義能夠引起不同時代、不同群體的共鳴與認同，但是，其標誌性意義從來都不是無根無蒂的。神話是特殊的歷史，其歷史文化意義是多方面的。神話時代在社會大眾群體的記憶

14 顧頡剛：《〈莊子〉和〈楚辭〉中崑崙和蓬萊兩個神話系統的融合》，《中華文史論叢》一九七九年第二輯，上海古籍出版社一九七九年版。

15 袁珂：《中國古代神話》，中華書局一九六〇年版；此具有開拓意義。另見陶陽、張振犁、馬昌儀等學者的著述。但總體講，中國古代神話的文獻整理工作還有許多困難，尤其是少數民族中的歷史文獻。

中是真實存在的，所有的怪異都被合理闡釋、演繹為具有特定含義的故事。

所謂神話時代，是按照神話的具體內容所呈現出的社會性質相對劃分的。無論這種時代是否在歷史上確實存在過，而作為神話對人類進步的足跡所形成的折射，卻是值得我們重視的。古人把神話時代的那些帝王概括為三皇五帝[16]，而對三皇和五帝則又有不同的理解。今天，在我們明白了神話和歷史的分野時，我們會很容易地避開歷史化的誤區，但前人劃分的依據是我們不應該忽視的。當然，所謂的三皇五帝與我們所說的神話時代，是有著重要區別的。關於這一點，呂思勉的《中國民族史》、徐旭生的《中國古史的傳說時代》等著作，都進行了詳盡的討論。筆者在這裡所提出的神話時代及其劃分的方法，既有像呂思勉、徐旭生等學者依據古文獻並進行相應的神話內容分析，又有更為重要的田野作業即科學考察所發現的意義顯示。基本上可以把整個中國神話時代劃分為這樣幾個階段：一、盤古時代。這是中國古典神話的開端，標誌著**天地的生成**。二、女媧時代。它是隨著社會的發展而女性佔據特殊地位的階段關於**人類誕生**的文化闡釋的體現，生育成為這一時期的母題內蘊。三、伏羲時代。它的主要內容是**文化（文明）初創**，包括**漁獵文明**的發生。四、炎帝神農時代。這是農耕文明的開創時代。五、黃帝時代。這是中國神話的一個重要轉折時期，它一方面是原始文明的集大成，一方面第一次以無比輝煌的神性業績築構成龐大的**神系集團**，**對中華民族的**

16 「三皇五帝」的稱謂始見於《呂氏春秋》，此前《孟子》、《荀子》中已有「三王五霸」，這不是原始神話，而是政治神話；但他們的出現是有歷史文化根據的，具有文化英雄的痕跡。

形成起到至關重要的作用。六、顓頊帝嚳時代。其神性業績主要在於**絕地天通**，這一時代的文化內核是**巫**成為社會精神的支柱。七、堯舜時代。這是關於**政治理想**的神話，以**禪讓**為核心。八、大禹時代。**洪水神話**成為大禹神性業績的基本背景；同時，這一時代也意味著**中國神話時代的終結**。筆者這樣勾勒中國神話時代，以古典文明為劃分依據，並不排斥少數民族的神話時代與神話系統。關於這個問題，將在少數民族民間文學卷更為充分地展開論述。也就是說，這樣論述並不意味著與中華民族的文化整體觀念相悖，而是說各民族在歷史進程中相互交融，各自創造了絢麗多彩的神話。在古典文化中所展現的中國神話時代和神話系統，與各少數民族中的神話內容，都來自記憶中的口頭描述。從許多少數民族的神話中，我們可以十分清楚地看到各族人民的密切聯繫；而且也可以看到，即使是漢民族的神話，也同樣包融著許多非漢民族的文化成分；若沒有多民族的交融與聯繫，就沒有今天的中華民族。

一個值得充分重視的問題是神話傳說故事是在歷史文化發展漫長時期中逐漸形成的；少數民族，特別是長期沒有文字使用歷史的少數民族，其口頭流傳的神話傳說同樣是中國古代神話傳說體系的重要組成部分，文字的產生和發展是一個十分漫長的過程，神話傳說的流傳不能僅僅依靠文字，因為有許多語言沒有被文字保存。一個典型的證據就是在甲骨文中出現了王母的概念，但是，沒有出現伏羲、女媧之類的大神；甲骨文中出現了堯這個字，但並不是神話傳說中的堯舜禹那個堯。那麼，是否那樣一個時代就沒有伏羲女媧神話傳說故事的流傳呢？甚至還可以提出這樣一個問題，我們見到的甲骨文就是那樣全面嗎？現在能夠見到的甲骨文就一定能夠代表那個時代嗎？

神話傳說的實質是上古人民的想像；神話時代的實質同樣是一種建構於想像的文化重構與述說。神話時代的存在是在傳播中形成的，是歷史的影子，而不是也不可能是歷史直接、簡單的對應物。

神話傳說故事失去流傳（口頭與文字等形式），就很可能失去其文化生命力。古史辨學派的懷疑方式影響深遠，是在用一般歷史學的方法研究非常複雜而特殊的歷史文化問題，所以在許多時候表現出無能為力。或者說，今天對於神話時代的劃分，事實上就是依靠多種材料所進行的歷史文化發展中中國神話傳說故事體系的有機修復的嘗試，是依據對於不同神話傳說文化屬性等內容所進行的一種組合。

上卷

關於中國神話時代的基本劃分，必須看到中華文明是一個相互聯繫的整體，不能割裂神話時代中神性主角與原始文明的密切聯繫，尤其不能以記錄時代的早晚來判斷其先後。如關於盤古時代的劃分，神話中的盤古既不是實際存在的部落領袖，也不是具體的祖先神，而且他就是一個想像中的文化共同體；還可以看到盤古神話的記述在文獻上的出現比其他神祇都要晚。三國時期吳國太常徐整最早在《三五曆紀》和《五運歷年紀》中提到了盤古神話，顯然，盤古神話只是根據那個時代的流傳狀況被記述下來，而它應該是在此之前很久就已經流傳了的。同時，關於徐整的出身問題，也是理解盤古神話包括其發生地望即南來說或北來說的重要前提。追本溯源，徐氏一族出自塗山氏，其地望是在「昔三代皆居」的河洛地區；待武王伐紂，發生了非常重要的殷民六族封魯的大事件，在殷民六族中就有徐氏。《左傳・定公四年》顯示出這一內容。西周時期的徐氏，居住地主要在山東（歷史上山東有三個徐州，一在今滕縣官橋附近，一在東平舒縣，一在曲阜以東）；周人多次伐徐，才使他們南遷至今江蘇省所屬的徐州，成為徐氏族人主要聚居徐州的重要背景，再到後來，在西元前五一二年，發生了吳人滅徐的事件，徐氏族人再次大規模遷徙，一部分移至越國，一部分仍居留在淮河中下游地區。到了西元前四九四年，距吳人滅徐已有十八年，吳又打敗了越國，發生了歷史上著名的越王勾踐臥薪嚐膽的故事。越人的集中地在會稽，距吳人集中地姑蘇較近，越人不敢輕舉妄動，他們秘密聯絡，終於等到了復仇的機會。《左傳・哀公十三年》有這樣一段記述：

六月丙子，越子伐吳，為二隧。疇無餘、謳陽自南方，先及郊。吳太子友、王子地、王孫彌庸、壽于姚自泓上觀之。彌庸見姑蔑之旗，曰：「吾父之旗也，不可以見仇而弗殺也。」太子曰：「戰而不克，將亡國，請待之。」彌庸不可，屬徒五千，王子地助之。乙酉，戰，彌庸獲疇無餘，（王子）地獲謳陽。越子至，王子地守。丙戌，復戰，大敗吳師，獲太子友、王孫彌庸、壽于姚。丁亥，入吳。

姑蔑之旗包含著一個非常重要的資訊，即徐人參戰。徐人為何參加這次復仇戰爭？源自當年吳人滅徐時，一部分徐氏族人遷到越國，那麼，很自然就有了越人與徐人聯合抗吳的舉動。從如今的考古發現來看，吳越地區的青銅器與吸收中原地區的技術有密切聯繫，這種技術的傳人就是與徐人分不開的。今天的吳越腹地浙江、江蘇一帶有徐偃王的許多傳說，有些地方還建有徐偃王廟，徐氏成為有很大影響的族系；徐整作為吳人，當屬偃王一系，其祖先當居中原，那麼，他記述盤古神話就不排除中原遺民的口頭記述成分，更何況徐整的著述名為「三五曆紀」、「五運歷年紀」，是很典型的源自北方的道家文化概念，與吳越文化相異，僅以徐整為「吳人」就斷言盤古神話屬於南方民族，顯然是無力的。尤其是歷史上太行山被稱作五行山，三才五行學說發生在北方，是中原文化的重要概念，徐整為中原人後裔，記述北方遺民流傳的盤古神話就是很自然的事情了。民族遷徙留給我們的文化之謎太多了。現在，不僅中原地區發現大量盤古神話，在西北地方、華北地區的甘肅[1]、河北、山西、陝西一帶也發現許多盤古神話，這就說明盤古神話並非僅在南方民族中流傳，在其他地區同樣有。所以，結合上述材料，我們可以理直氣壯地把盤古神話作為中國古典神話的第一個時代。關於女媧時代時，我們可以看到，女媧在文獻中較早的出處是《山海經》，而且記述頗為模糊，就一句「有神人十人，名曰女媧之腸，化為神，處栗廣之野」，並沒有體現出《楚辭・天問》中「女媧有體，孰制匠之」的造人意義。關於女媧摶土造人，最早是漢代應劭在《風俗通義》中明確提出的。「女媧之腸」的「腸」字的文化闡釋，在這裡就具有了特殊意義。因為腸的最早寫法是由三部分構成的，一部分是左側的「月」，一部分是右上半側的「日」，一部分是右下半側的「易」，它們所顯示的意義是以祭祀為主要內容的「屍生崇拜」。「月」的古義是指肉，包含著古代的犧牲制度以及生殖崇拜等含義。「易」則體現了豬或酒等祭品的指示意義，同樣表明犧牲制度。那麼，由此可知，女媧之腸的意義與摶土造人的意義應該是相通的，其媒介就是在許多古老民族中間都曾經發生過的「屍生崇拜」，「腸」字中的「月」旁就是這種原始崇拜的意義顯示的典型。更為重要的是，我們理解神話時代，不能忽視原始歌舞作為文化背景的存在。神話的存在意義不僅是為某種文化事項作闡釋意義上的「文本」，而是從整體上影響著人們文化生活行為的思維方式，在今天最為典型的表現，就是一些古廟會上民間百姓把這些遠古大神作為他們的保護神或祖

1 從一九八〇年代所開展的中國民族文藝十大集成（包括中國民間文學故事集成、歌謠集成、諺語集成）材料可知，中國民間文藝、民間文學的類型分布問題應該重新認識。諸如盤古神話傳說故事，其分布神州大地，陝甘寧地區，甚至新疆、青海、內蒙古地區也有不同類型的流傳。這種原因是多方面形成的。

先、祖師進行異常虔誠地敬奉。

如《呂氏春秋・古樂篇》中對這種現象的綜合描述：

> 昔葛天氏之作樂，三人操牛尾投足以歌八闋：一曰載民，二曰玄鳥，三曰遂草木，四曰奮五穀，五曰敬天常，六曰達帝功，七曰依地德，八曰總禽獸之極。

原始神話的主角無疑是原始大神，而這些原始大神或者是氏族部落的酋長，或者是人們總結自己的經驗所想像出來的祖先；在每一尊神像的背後，都閃放出遠古人民智慧的光輝。正由於這種原因，筆者把整個中國神話時代劃分為這樣幾個階段。在每一個階段裡，神性的構成不盡相同，這是因為不同的神話時代在人們的精神世界所處的位置不同。如，黃帝時代之前，包括盤古神話、女媧神話、伏羲神話在內，一般是單體神性，即使有一個以上的，也被描述成兄妹婚姻中的夫婦；而到黃帝時代，這種局面就被打破了。實際上，這種局面在炎帝神農時代就已經出現，其內容是在炎黃戰爭中具體表現出來的。黃帝在中華民族的形成中具有非凡的意義，許多神性角色與他的聯繫，一方面說明歷史上以他為首的政治集團統一了諸多部落，另一方面說明在神話發展變化中存在著一個非常普遍的依附性規律。特別是後者，對於劃分中國神話時代具有非常重要的意義，能把許多表面看來凌亂無章的神性角色聯繫在一起，在大致上勾勒出了漫長的遠古時代歷史漸進的軌跡。理解這種內容，如果要用史學上的考古論證，則會束手無策。這就是列維・斯特勞斯在《結構神話學》中所提到的「置換變形」原則——神話不僅存在於歷史的隧洞中，它更多地屬於人們的精神世界，是一個民族充滿神聖感的信仰。

中國神話時代的劃分還必須回答兩個問題，具體講來，就是西王母神話等獨立系統神話和洪水神話究竟處於哪兩個時代。西王母神話原是一個相對獨立的神系，它的出現應該與女媧神話相當，但在文獻中所示的內容，較早的是與黃帝的具體聯繫，這就是《瑞應圖》中提到的「黃帝時西王母使乘白鹿，獻白玉環之休符」。此後《新書・修政語上》提到堯「身涉流沙，西見王母，地封獨山」，《竹書紀年》提到帝舜時「西王母來朝」，《論衡・別通》提到「禹使益見西王母」，所有這些材料和周穆王西征崑崙見西王母及漢武帝見西王母的意義是一樣的，都表明西王母在民間信仰中的具體影響。那麼，在論述神話時代時，筆者也就有較多的理由把西王母放在黃帝時代來論。這不僅是由於方便，而且確實是因為西王母作為一個相對獨立的神話體系，它與黃帝集團的聯繫更為明顯也更為密切。洪水神話是世界各民族歷史上普遍流行的文化現象，一般都是把洪水作為上天對人類的懲罰，或把它作為人類再生的背景，為劫難之後的兄妹婚提供必要的依託環境。中國少數民族中的洪水神話格外豐富，在許多地方同葫蘆崇拜聯繫在一起；而漢民族的洪水神話在民間口述中表現為伏羲兄妹或盤古兄妹，也有直接描述為兄妹婚的發生背景的；古典文獻許多相關神話傳說中的記述卻限於大禹神話，為大禹征服洪水、統一九州、鑄鼎立國來製造必要的語境。那麼，洪水神話是否是一個獨立的神話時代，或存在於某一個神話時代之中呢？我們認為，這種災難的記憶和描述，絕非僅僅限於某一個神話時代，它不僅一次性發生，在更多的時候，它成為原始人異常恐慌的情結，甚至構成一個神話母題，具有久遠的影響。在論述神話時代時，也就只能具體問題具體對待。在中華民族漫長的史前時代，神話曲折地映現出各個歷史時期的不同特徵。中國神話時代的劃分是相對的，我們視野中的古典神話材料，大部分都可以在這裡找到相應的時期，但由於中華民族獨特而曲折的發展歷史背景，筆者所使用的材料多限於古文獻和文物圖案等，論述的神話時代也就以漢民族為主。關於少數民族的神話，在一些章節中有專門論述。許多少數民族在社會發展中或者沒有文字，或者文字出現很晚，這就給神話時代的劃分造成不便。對於這類情況，同樣採用具體問題具體分析的態度。

中國古典神話時代可以劃分不同階段，從中可以看到中華民族進化和發展的影蹤。

壹、盤古時代

盤古神話的主要內涵在於天地開闢，這是原始人民對自己的生存背景與生活環境進行探尋所作的遐想。這個時代其實就是天地形成的階段，同樣的內容在全世界各民族的神話傳說中幾乎都有體現。中國的盤古神話顯示出自己的文化個性，即中華民族的自然發生觀念及樸素而生動的原始審美觀念。

盤古這個詞在中國古代典籍中出現的時代較晚，初見於三國時吳人徐整的《三五曆紀》和《五運歷年紀》中，但它的形成肯定是非常久遠的。在先秦典籍中，盤古神話的雛形就已經顯現出來，如《莊子》和《山海經》所提到的「倏」、「忽」、「燭龍」等神性人物概念。這裡應該提出的一個現象是，在各民族文化發展中關於神話的記憶及描述上，普遍存在著一個規律，即越是離我們久遠的時代被描述得越晚，而且描述的內容越詳細。盤古神話的出現正是這樣。在三國時代才出現的盤古神話，絕不意味著在三國時代才發生，而是這時才被記述。在這之前盤古神話肯定已有廣泛的流傳，只是由於記述手段的欠缺，才出現得如此遲晚。如屈原在《天問》中就提出過這樣一些問題：「遂古之初，誰傳道之？上下未形，何由考之？冥昭瞢暗，誰能極之？馮翼惟像，何以識之？明明暗暗，惟時何為？陰陽三合，何本何化？圜則九重，孰營度之？惟茲何功，孰初作之？斡維焉系？天極焉加？……九州安錯？川谷何洿？東流不溢，孰知其故？東西南北，其修孰多？南北順隳，其衍幾何？」雖然這時已進入相對發達的文明階段，即已超越了神話產生的原始思維階段，但原始思維結構的審美思維形式仍然存在，神話記憶也就自然通過言語載體等媒介而表現出來，形成了具體的神話傳說。

神話是人類童年的智慧，其闡釋性特徵構成其於民間社會廣泛流傳並成為人們認識周圍世界與人生命運的重要依據。於是，《三五曆紀》和《五運歷年紀》就有了相對於《天問》的具體解答。如，「天地混沌如雞子（蛋），盤古生其中，萬八千歲。天地開闢，陽清為天，陰濁為地。盤古在其中，一日九變，神於天，聖於地。天日高一丈，地日厚一丈，盤古日長一丈。如此萬八千歲，天數極高，地數極深，盤古極長。」「盤古之君，龍首蛇身」，「首生盤古，垂死化身：氣成風雲，聲為雷霆，左眼為日，右眼為月，四肢五體為四極五嶽，血液為江河，筋脈為地理，肌肉為田土，髮髭為星辰，皮毛為草木，齒骨為金石，精髓為珠玉，汗流為雨澤，身之諸蟲因風所感化為黎虻。」在後來的《述異記》等典籍中也有許多類似的闡釋性內容。如，「秦漢間俗說，盤古氏頭為東嶽，腹為中嶽，左臂為南嶽，右臂為北嶽，足為西嶽……盤古泣為江河，氣為風，聲為雷，目瞳為電。古說盤古氏喜為晴怒為陰」，「昔盤古氏之死也，頭為四嶽，目為日月，脂膏為江海，毛髮為草木」，「盤古氏，天地萬物之祖也，然則生物始於盤古」。在神話世界中的盤古氏被描繪成如此豪邁、博大、遼闊的巨人形象，顯現出古代人民非凡的氣派和胸懷。

神話時代有人類文明歷史發展的影子，但它卻不能等同於人類發展的具體時期。關於這一點，列維・斯特勞斯在他的《結構神話學》中有詳細的論述，他認為神話的語言結構存在著一個很重要的置換變形原則。其實這就是神話的傳承性內容與特徵的具體描述。也就是說，中國的神話時代以盤古氏為創始標誌並非偶然的，它有廣泛的心理基礎並以「歷史文化遺留物」的形式表現出來，其最為典型的標誌就是在中國廣大地區分布著傳說中的盤古「遺跡」。

從文獻上看，盤古「遺跡」主要分布在中國南方。如，《述異已》中講到「南海中有盤古國，今人皆以盤古為姓，則盤古亦自有種落」。在少數民族地區，盤古信仰非常深廣，如瑤族《過天榜》中說：「昔時上古天地不分，吐界混沌，乾坤不改，無日月陰陽，不分黑白晝夜，是時忽生我盤古。聖皇首先出身置世，鑿開天地，置水土，造日月陰陽。」《粵西瑣談》中說：「盤古本為苗人之祖，原為盤瓠之轉。」白族《打歌》也有關於盤古的記載。《兩般秋雨庵隨筆》中有「荊州以十月十六日為盤古生辰」、「始興縣南十三里有盤古之墓」、「郴州有盤古倉，會昌有盤古山，湘鄉有盤古堡，雩都有盤古廟」等記載；《路史》提到「廣陵有盤古塚、廟……成都、淮南、京兆皆有廟祀」；《錄異記》記有「廣都縣有盤古三郎廟，頗有靈應」；《元史・祭祀志》有「至元十五年四月修會川縣盤古祠祀」；《明史・錫蘭傳》有「側有大山，高出雲漢，有巨人足跡人石，深二丈，長八尺，雲是盤古遺跡」等，都是講盤古信仰的物化形式，在這裡，盤古崇拜同自然崇拜、祖先崇拜等信仰聯繫在一起。在顧炎武《天下郡國利病書》等文獻中提到祭祀盤古的行為，如「衡人賽盤古，重病及仇怨皆禱祀」、「巫有帛，長二三丈，畫盤古而下，以至三皇，無所不有……謂之盤黑鼓」，甚至地方農民起義也以盤古為號，召令人民起來鬥爭。南方是盤古神話流傳的密集區域，諸如盤古國在南海等文獻記述，具有神話群的特點，所以聞一多等學者即斷言盤古為南方民族的神祇，儘管有人提到盤古神話之所以在南方流傳是因為中原移民的因素，但畢竟缺乏實證。

近年來這種局面被打破，不獨在南方有盤古神話，北方尤其是中原也有，如桐柏縣的盤古山每年三月三有廟會，應合於中國古代的上祀節；中原腹地西華縣最近也發現盤古遺跡「盤古城」，太行山濟源等地的盤古廟至今奉有香火。盤古之神在各地都贏得開闢天地等事業的讚頌，這說明盤古神話在中國神話傳說中佔有相當重要的地位，體現出濃郁的民族感情。把這些內容概括為「盤古時代」，可以更清晰地看到浩如煙海的神話傳說之間複雜而又具體的聯繫；更重要的是可以從中看到中華民族億萬子孫在歷史發展中血肉相連的深情厚誼，以及中華民族敢於開拓、敢於犧牲的大無畏精神。

顯然，盤古神話開闢天地與盤瓠神話中的民族起源闡釋有很大不同。盤瓠神話以高辛氏傳說中救國嫁女情節為中心，牽涉到民族圖騰等問題。盤古、盤瓠，一字之差，講述內容大相徑庭，都是中華民族的文化瑰寶。或曰盤古神話代表著我們古老的民族精神，其核心內容就是開拓（開天闢地）、奉獻（化生萬物），激勵著我們去創造更美好的生活，為全人類的進步與發展做出更大的貢獻。

盤古時代是中國神話時代的第一個階段，它的出現標誌著中國神話系統的形成，並顯示出其豐富性。

一系列的神話時代不僅從古代文獻典籍上可以看到，而且能從浩如煙海的民間傳說即活形態的口頭文學作品中看到，這是中華民族的光榮和自豪。

貳、女媧時代

女媧是傳說中的民族母親神，其主要業績在於補天和造人，還要進行琴瑟等文化創造活動。如果說盤古時代是一個開闢時代，那麼女媧時代就是創制時代的開始，在其後還有伏羲、神農等作為後繼，可以說女媧時代奏響了一個無比輝煌燦爛的創制時代的序曲。

女媧神話集中了中華民族最神聖也最親切的情感。補天，是我們生存的基礎；造人，是我們生命的起源。

女媧的出現不僅久遠，而且相當頻繁，這在中國古代文獻典籍中是個奇特的現象。她最早出現的面目是「化生」，如《山海經・大荒西經》記載：「有神十人，名曰女媧之腸，化為神，處栗廣之野，橫道而處。」屈原在其《天問》中也有一句看似沒頭沒腦的話：「女媧有體，孰制匠之？」顯然，故事前提裡面應該包含著女媧造人的神話。王逸在注釋時也說她「一日七十化」云云。「化」就是變，含著生育主題。所以，後世以女媧為高禖崇拜的大神，這並不是偶然的。或曰，女媧之腸的文化現象背後，包含著中國社會風俗生活中認乾親這一文化形態的原型。乾親之乾，在於情感與血緣關係的融合與補充，其文化情結的生成與女媧造人神話傳說有非常密切的聯繫。

女媧煉石補天是造人、育人神話主題的衍生。從摶土到煉石，形成質的飛躍，其實是神話時代發生變化體現出的又一種形式。摶土造人的平台是廣闊的土地，煉石補天的平台是遼闊的天庭，這種轉換背後，或曰，煉石具有更多宗教成分，已經不再是原始神話的簡單述說。

女媧煉石補天的情節在《淮南子》中具體出現：「往古之時，四極廢，九州裂，天不兼覆，地不周載；火爁炎而不滅，水浩洋而不息，猛獸食顓民，鷙鳥攫老弱。於是，女媧煉五色石以補蒼天，斷鼇足以立四極，殺黑龍以濟冀州，積蘆灰以止淫水。蒼天補，四極正，淫水涸，冀州平，狡蟲死，顓民生，背方州，抱圓天……乘雷車，服應龍，驂青虬，援絕瑞，席蘿圖，絡黃雲，前白螭，後奔蛇，浮游消搖，道鬼神，登九天。」顯然這是女媧神話傳說故事本體被神仙化後的景致，雖然保存了原始神話，但已發生了變異，被宗教情緒所渲染。《山海經》和《淮南子》都是中國神話傳說史上不可忽視的重要典籍，在一定程度上是中國上古神話傳說的集大成者，對後世的民間文學產生了相當重要的影響。女媧神話在這些典籍中被詳述絕不是偶然的，而有著深厚的文化基礎作為傳播的背景。它在神話時代中處於一個極其重要的承前啟後的地位，即以補天與盤古神話中的開闢天地相銜接，而以造人與後世的創造性神話相聯繫。

類似補天的神話在中國少數民族中也有流傳，如苗族的《龍牙顆顆釘滿天》、阿昌族的《遮帕麻與遮米麻》、高山族的《蜜蜂》等，其中都有補天大神，體現出不同民族的天時觀。在白族神話中，傳說龍王導致大洪水，形成天地崩潰，盤古、盤生兄弟殺死龍王後變成天和地，並分別用雲和水加以補造。彝族神話中稱，天地開闢後，天神要檢查天地的堅固程度，就打雷試試天，震地試試地，待天地損壞，就用雲和地公葉子分別補天、補地。在布依族神話中，傳說力戛用手舉起了天，但若一鬆手天就要塌下，他就拔下自己的牙齒把天釘起來，於是牙齒就變成了一顆顆明亮的星星。這些神話都充滿了神奇的想像。女媧神話和這些神話一樣，是遠古人民對天體認識的藝術表現。

天地構造在中國古代文化中是方圓形狀，即天圓地方，人們依據這種形狀又把天地分為數種，天人合一是當時一種普遍的信仰，如果天穹發生了奇異景觀，那就意味著人間就要遭致不幸。如《太平御覽》就曾轉述過許多「天裂」現象：「天開西北，長二十餘丈，廣十丈」（《漢志》），「天裂，廣一丈，長五十餘丈」（《十六國春秋》），人們普遍以為「天裂人見，兵起國亡；天開見光，血流滂滂」（《京氏易妖占》）。在這種觀念的基礎之上，女媧補天的信仰也就自然為社會所廣泛接受。於是，補天的神話傳說不僅存在於人們的口頭上，而且體現在民間節日和「文化遺跡」上，如，楊慎在《詞品》中稱「宋以前以正月二十三日為天穿節；相傳云：女媧氏以是日補天，俗以煎餅置屋上，名曰補天穿」（卷之五），《事文類聚》中稱「江東俗，正月二十日為天穿，以紅縷繫煎餅餌置屋上，謂之補天穿」（《癸巳存稿》卷十一引），《風俗》稱「正月十九日，廣州謂為天穿日，作餺飥禱神，曰補天穿」（《癸巳存稿》卷十一引）。在《路史・後紀》中，也提到古人把太行山稱作「女媧山」，傳說女媧「于此煉石補天」。至今，陝西驪山六月十六日為補天節，人們在民間廟會中朝拜女媧宮。在桂林疊彩山明月峰和江蘇連雲港的花果山，都有傳說中的「仙石」即女媧補天後遺留的石頭。在河北涉縣有媧皇山，在河南西華有女媧城、女媧陵、女媧廟，民間百姓舉辦廟會祭祀其補天「偉業」。這說明補天信仰在我們明白了宇宙構造的現代社會仍然存在，只是以神話傳說的形式給人們以審美的精神愉悅。

造人的神話傳說看起來晚於「補天」，但若按神話發生理論推究，當早於「補天」。造人是人們對生命起源的探詢。記載女媧造人最為詳細的材料，就現在能夠見到的當數漢應劭的《風俗通義》最早：「（俗說）天地開闢，未有人民。女媧摶黃土作人，劇務，力不暇供，乃引繩絙泥中，舉以為人。」有的版本還加上了一句「故富貴賢知者黃土人也，貧賤凡庸者引絙人也」，明顯帶有上智下愚的等級觀念。造人主題在後世文學作品中也屢屢出現，如李白《上雲樂》中有「女媧戲黃土，團作愚下人；散在六合間，濛濛若沙塵」之句，皮日休《偶書》也提到「女媧掉繩索，絙泥成下人」。女媧造出的人是貧賤還是富貴並不重要，重要的是對於人的生命起源所作的神話闡釋體現了神話的審美思維。類似女媧這樣摶土造人的神話，在中國其他少數民族中有的講造人的就是女媧，而有的則稱是其他神或用泥或用雪或用神樹造就了人，都反映出勞動創造世界也創造人自身的文化母題。如，瑤族的《密洛陀》、彝族《梅葛》、布依族和布朗族的族源解釋，以及納西族的《天女織錦緞》等，都提到或捏製或紡織或雕鑿出人的情節。有的學者將此解釋為與一定的生產力發展相適應，這就違背了神話發生的一般規律。比如有的神話提到神人能飛，那麼是否意味著那時也有高度發達的航太事業呢？不言而喻，神話是原始人民的想像，儘管這種想像的心理機制要受制於客觀條件。

不僅如此，女媧伏羲神話融合於救世傳說，在許多地方形成兄妹婚神話傳說故事中的一系列文化元素，諸如洪水神話、天地毀滅、地陷等重大自然災異現象發生之後，兄妹二人重新造就人煙。這些故事並不是原始神話的流傳形態，為什麼能夠接著女媧伏羲神話繼續述說，這確實是一個很複雜的問題。

一個神話故事究竟能夠流傳多久、流傳多遠，故事主題的衍生具有決定性意義。其中的「顯靈」和「全神」，是神話傳說故事走進民間社會的保障。這在神話傳說的流傳中具有非常突出的普遍性。或曰，沒有變異，神話傳說就會消亡；沒有原始意義的保存，神話傳說就失去了存在的基礎。

女媧神話的生育主題在發生變異時轉換成了對婚姻起源的闡釋。這是女媧神話時代的重要標誌性內容，是「化生」主題的延續和變異，其中包含著兩層內容，一是《風俗通義》中所提及的「為女婚姻，置行媒，自此始」，一是唐盧仝《與馬異結交》中所提到的「女媧本是伏羲婦」，女媧神話與伏羲神話相聯繫的紐帶正在於此。女媧與伏羲結為婚姻存在著一個前提，那就是兄妹婚。《路史・後紀》注引《風俗通》中提到「女媧，伏希（羲）之妹」；《獨異志》講得更詳細：「昔宇宙初開之時，有女媧兄妹二人在崑崙山，而天下未有人民。（其）議以為夫妻，又自羞恥。兄即與妹上崑崙山，咒曰：天若遣我二人為夫妻，而煙悉合；若不，使煙散。於煙即合，其妹即來就兄，乃結草為扇，以障其面。」女媧為生育女神，其婚姻形態從個體走向合體，應該是從群婚向對偶婚的轉化痕跡。類似的神話情結相當多，如彝族的《阿細人的先歌》、獨龍族的《嘎美嘎莎造人》、瑤族的《插田鳥》等，都是反映合作創造人類。《插田鳥》的變異成分更多，講到女媧與盤古相結合生下人，這和女媧與伏羲相結合的意義實質上是一樣的。直接提到女媧與伏羲相結合生育人類的還有水族的《空心竹》、仡佬族的《伏羲兄妹制人煙》、土家族的《兄妹開親》、瑤族的《伏羲兄妹》等，而且又增加了洪水神話的內容，使情節更為繁複。如，有的說兄妹為躲避洪水鑽進葫蘆中，由此我們也可以管窺到葫蘆在原始思維中的信仰意義。與《魏書・臨淮王傳》中所提「夫婦之始，王化所先，共食合瓢，足以成禮」相聯繫，我們可以想像到葫蘆、洪水等內容與生殖、性崇拜之間的寓意所在。它告訴我們，生育主題在民俗生活中的重要位置早在遠古時期就已形成，今天我們生活中的許多民俗符號和女媧神話及其信仰崇拜是分不開的。

女媧遺跡在中國分布相當廣，如《路史・後記》所舉「任城縣東南七十里」的承匡山女媧廟、驪山女媧谷、峨眉女媧洞、趙城女媧墓等，其神話傳說在口頭上的流傳更廣，遍佈長江和黃河流域，甚至遠在越南等地也有流傳，前俄羅斯科學院院士李福清在他的著述中很詳細地列舉並論述了這個問題。我們不能將女媧神話時代簡單比照於歷史上具體的女權時代，但我們應該看到其悠遠綿長的存在意義，特別是它所體現的異常豐富的信仰意義。這個時代標誌著我們中華民族對生命起源問題的辛勤探索，它使我們看到中華民族凝聚力的形成與神話傳說母題流傳之間的聯繫。「同胞」，這是一個神聖的字眼，而其具體意義就在於對偉大的民族母親神的敬仰所生發的人世間的特殊感情。雖然我們十分清楚人的生命和生育等一系列常識，但不可否認的是女媧神話有著永久的魅力，它不僅激勵和鼓舞著我們，而且把中華兒女匯成一股強大的洪流，使我們所向披靡，一往無前。

參、伏羲時代

伏羲神話的主要內容在於開闢文明。

這個神話時代的意義在於上承盤古對天地的開闢、女媧對人生命的創造，而賦予人以文明的面目，從而使人與動物相區別。伏羲的神性角色即文明開創大神。《風俗通義》中的《皇霸》引《春秋運斗樞》說：「伏羲、女媧、神農，是三皇也。」中國古代文化尤其講究至尊的地位，這樣把伏羲列為「三皇」之首，正是對其開創文明的功業的推崇。其意思為，伏羲對文明的開闢創造，和女媧造就人類、神農造就人們耕作從而告別茹毛飲血的蒙昧時代有著同樣重要的意義。

伏羲的神性角色最早在《易》中得到詳盡的描述，是對中國文化發生的解釋。如《易・爻辭下》記述：「古者庖（伏）氏之王天下也，仰則觀象於天，俯則觀法於地，觀鳥獸之文與地之宜，近取諸身，遠取諸物，於是始作八卦，以通神明之德，以類萬物之情」，「作結繩而為網罟，以佃以漁。」《路史》中記述其開創的業績更多，如「（伏羲）豢育犧牲，服牛乘馬，草鞋皮蒙，引重致遠，以利天下，而下服度」（《後紀一》），「伏羲化蠶」（《後紀五》注引），「聚天下之銅仰觀俯視，以為棘幣」（《後紀一》），「伏羲推策作甲子」（《後紀一》注引），「古者庖（伏）羲立周天曆度」（《後紀一》注引），「（其）正姓氏，通媒妁，以重萬民之利，麗皮薦之以嚴其禮」（《後紀一》），「（其）愛興神鼎，制郊禪」（《後紀一》）等。《拾遺記》中提到伏羲的「春皇」，記載了他「去巢穴之居」，「絲桑為瑟，均土為壎」，「規天為圓，矩地取法，視五星之文，分晷景之度，使鬼神以致群祠，審地勢以定山嶽」，「立禮教以導文，造干戈以飾武」等傳說。《廣韻》注引《河圖挺期輔》中稱伏羲「鑽木取火」；《太平御覽》引《序命曆》說伏羲「始名物蟲鳥獸之名」，並引《帝王世紀》說伏羲「嘗味百藥而制九針，以拯天柱焉」；「《孔叢子・連叢子下》稱「伏羲始嘗草木可食者，一日而遇七十二毒，然後五穀乃形」；《繹史》稱其「冶金成器，教民炮食」，「因居方而置城郭」；《新論》稱「伏羲制杵臼，萬民以濟」；《管子》稱其「作九九之數，以合天道，而天下化之」；《史記・太史公自序》和《藝文類聚》引《古史考》等文獻也說伏羲開制八卦，使人類進入一個新階段。在這些文獻中，我們所看到的伏羲不僅是一個非凡的文化英雄，而且是一位無與倫比的科技領袖，科學、文化、藝術、冶金、曆法包括婚姻禮儀等，所有的文明都沐浴過他的神性的光輝。從另一個方面我們可以假想，若沒有伏羲氏如此艱辛而偉大的創造，我們的世界將是一片洪荒。所以《文選・東都賦》由衷讚歎道；「且夫建武之元，天地革命，四海之內，更造夫婦，肇有父子，君臣初建，人倫實始，斯乃伏羲氏之所以基皇德也。」我們稱伏羲為科學大神、文化大神、哲學大神、音樂大神、宗教大神，把所有文明的桂冠都獻給他也不為過；而歷史表明，伏羲氏不是別人，他是千百萬勞動者的智慧和勇敢的化身，他代表著中華民族對全人類卓越的貢獻。

伏羲還體現出我們中華民族的圖騰，即民族的徽幟。《文選・魯靈光殿賦》中曾提到伏羲「龍身」、「鱗身」，《藝文類聚》引《帝王世紀》中說他「蛇身人首」。這都是龍圖騰在伏羲身上的典型體現。還有一些文獻把伏羲同太昊連在一起，按一般道理講，太昊是（東夷大神）代表著太陽圖騰，為何與伏羲這位「生於成紀」，即西戎之地的龍神相糅合呢？有學者稱其「風馬牛不相及」，其實，這正是伏羲神話的演變規律，也是其存在意義的集中體現。

太昊伏羲神話故都之稱的典型地望在河南省淮陽縣，淮陽古稱宛都，是中原腹地，那麼，東夷集團和西戎集團在這裡相匯融合為一體是很正常的事。《路史・後紀一》中說「今宛丘北一里有伏羲廟、八卦壇。《寰宇記》云：伏羲于蔡水得龜，因畫八卦之壇」與「《九域志》：陳蔡俱有八卦壇」即指此。中原地區不但是中華民族的文化發祥地，而且是重要的文化匯聚地，伏羲神話在這裡的密集分布不是偶然的，這個神話時代的具體形成和中原地區歷史文化的形成與發展較早有著密切關係。

古代文獻把伏羲描繪成神異形象，其根據就在於這個神話時代的無比輝煌。《藝文類聚》卷十一引《帝王世紀》說：「燧人之世，有大跡出雷澤，華胥履之，生庖羲氏于成紀也。」《拾遺記》中說：「華胥之州，神母游其上，有青虹繞神母，久而方滅，既覺有娠，歷十二年而生庖羲。」這些文獻是民間神話的記載，並深刻地影響著後世的神話傳說。我們民族文化的傳承也是與此分不開的，既有典籍文獻以文字作為載體，又有口頭傳說以言語口語作為載體，還有相關的民俗生活構成文化行為，使伏羲神話時代更完整地保存在人們的記憶中。這裡，最典型的當數每年農曆二月二到三月三的河南淮陽太吳陵廟會，人們把伏羲稱作「人祖爺」，把二月十五作為他的神誕日，舉行大規模的祭祀活動。這個廟會與其他地方廟會的不同是保存了許多活化石般的「古文化」，有傳說源自「龍配」即伏羲、女媧相交的花籃舞，有傳說歷史悠久而帶有濃郁的民族圖騰，生殖崇拜、性崇拜和祖先崇拜色彩的各類泥泥狗，有古塤的泥玩具，以及進香的民間齋公手持的龍旗等。淮陽當地民間傳說中的伏羲、女媧相結合加進了洪水神話的背景，保持了獨立而完整的神話系統。在家祭中，人們把伏羲和玉皇一樣敬祀，作為生育萬物的「人祖」供奉。在西北、西南、東南的廣大地區，尤其是大西南地區的少數民族中，伏羲也受到廣泛的崇祀，其神話傳說與中原地區大致相同。還有人強調伏羲作卦影響了後世二進位的電腦，這更說明中華民族對全人類的傑出貢獻。或曰，每一個以古神話為文化核心的廟會，在事實上都是神話傳說語域的強力擴張，是民族認同、社會認同和文化認同共同選擇的結果。

肆、炎帝神農時代

炎帝與神農應該是兩個神祇，而在神話的流傳中卻合為一體[2]。炎帝神農的神話時代，是伏羲

2 皇甫謐《世本》稱：「炎帝，神農氏。」此二者相混為一。

神話時代之後漁獵文明向農耕文明過渡的一個重要轉折時代；其中，火神、太陽神、農神三位一體的神性融合，宣告著中國神話時代進入了一個新階段。

中國神話傳說的自然崇拜顯示出一個突出內容，中國文化的主體應該是日圖騰。在日圖騰的圖騰體系中，太陽崇拜、火崇拜與王權為代表的權力崇拜，因為文化整合、文化統領與文化衝突而形成這種具有大一統色彩的日中心圖騰文化群。日圖騰與火圖騰，以及後世不斷衍生的各種圖騰現象，諸如各種動物、植物、自然現象，被神聖化，但從來沒有改變日中心的崇拜主體位置。天人合一、天人相應等自然觀、文化觀、價值觀在日常生活中的表現，都應該與之密切相關。炎帝神農時代對這種以日中心即日圖騰文化現象的形成與發展，具有非常重要的影響作用。

炎帝神農神話時代第一次出現龐大的神性力量集團，在某種意義上講，它寓意著國家的雛形。國家雛形的徽幟，無疑就是太陽，或者稱為太陽崇拜。《白虎通・五行》記述曰：「炎帝者，太陽也。」《左傳・哀公九年》記述曰：「炎帝為火師。」這裡所講的都是這種意思。太陽崇拜自神話時代開端就已存在，盤古神話中的日月起源的闡釋、女禍神話中的補天和伏羲神話中的「仰則觀象於天」，都蘊含有這種崇拜；但只有在炎帝神農時代，作為太陽神身份的炎帝的神職才第一次明朗化。這說明在農耕文明的發展中，太陽崇拜具有十分獨特的意義。

關於炎帝神農氏的出生，《水經注》卷十八《渭水》引晉皇甫謐的《帝王世紀》說其「姜姓」，其母「女登」在「游華陽」時「感神而生炎帝」。《太平御覽》卷七八引《帝王世紀》云：「神農氏，姜姓也。母曰任姒，有喬氏之女，名女登，為少典妃。游于華陽，有神龍首，感女登于常羊，生炎帝。」在《三皇本紀》中有同樣的描述，只是將炎帝神農之母述為「有媧氏之女」。《國語・晉語四》：「昔少典娶於有嬌氏，生黃帝、炎帝。黃帝以姬水成，炎帝以姜水成。成而異德，故黃帝為姬，炎帝為姜。」在《新書・益壤》中，也提到黃帝為炎帝之兄。《太平御覽）卷七九引《帝王世紀》云：「黃帝，有熊氏，少典之子，姬姓也。母曰附寶，其先即炎帝母家有蟜氏之女，世與少典氏婚。」少典為炎帝、黃帝共同的先人，這一命題的提出暗示著炎帝神農時代從伏羲神話時代向黃帝神話時代漫長的過渡。

《管子・輕重戊》：「炎帝作，鑽燧生火，以熟葷臊，民食之，無茲胃之病，而天下化之。」《路史・後紀三》：「於是修火之利，范金排貨，以利國用，因時變燥，以抑時疾，以炮以燔，以為醴酪。」《論衡・祭意》：「炎帝作火，死而為灶。」《左傳・昭公十七年》：「炎帝氏以火紀，故為火師而火名。」顯然，炎帝最初的神性面目是火神，那麼，他又如何具有了農神的神性呢？《國語・魯語上》說得很明白：「昔烈山氏之有天下也，其子曰柱，能植百穀百蔬。」烈山氏即炎帝，《路史・後紀三》講「肇跡列山，故又以烈山、厲山為氏」，即指此。從許多不發達民族的耕作中我們可以看到，火在農業生產中具有非同尋常的作用，以此相推，炎帝在使用火的同時對開拓農業做出了巨大貢獻，其道理不難理解。

在史籍文獻的記載中，火神並不僅炎帝一人，如韋注《國語・周語》中提到「回祿，火神也」，《左傳・昭公十八年》提到「禳火於回祿」，「疏」中說，「吳回為祝融」。祝融與炎帝是何關係？《山海經・海內經》載：「炎帝之妻赤水之子聽沃生炎居，炎居生節並，節並生戲器，戲器生祝融。」祝融當為炎帝的後代。祝融是南方神祇，後來被列為顓頊之後，這同樣是神話融合的產物。其他還有「舜使益掌火」等，這些都說明火在史前社會所具有的特殊意義，沒有火的運用，農耕文明是不可能產生的。

炎帝神農開拓了農業，替代伏羲氏時代的漁獵生產方式，在古代文獻典籍中記載的材料更多。前面曾提到「炎帝居姜水以為姓」，「人身牛首」（見《帝王世紀》、《三皇本紀》和《鹿門隱書》等），這一方面表明牛圖騰的存在，另一方面說明牛在農耕文明中具有重要作用。炎帝神農時代以農耕構成自己的基本特色。《莊子・盜蹠》中稱「神農之世，民知其母，不知其父，耕而食」；《管子・形勢解》稱「神農教耕生穀，以致民利」；《管子・輕重戊》稱「神農作樹五穀淇山之陽，九州之民乃知穀食，而天下化之」。誠如《禮記・曲箚・正義》所引《世紀》所言：「神農始教天下種穀，故人號曰神農。」這個時代不僅改變了人們獲取食物的生產方式，而且改變了人們的生存方式，在某種程度上講，它是自盤古、女媧至伏羲時代的一個總結，一次突破和飛躍，也是黃帝神話時代的必要的鋪墊。

炎帝也好，神農也好，作為農耕文明的開拓者，其神性的光輝被不斷張揚，標誌著中國神話時代又一個新的創造峰巔。《藝文類聚》卷十一引《周書》：「神農時，天雨粟，神農耕而種之。」《淮南子・修務訓》：「古者民茹草飲水，采樹木之果，食羸蠬之肉，時多疾病毒傷之害。於是神農乃教民播種五穀，相土地，宜燥濕、肥墝、高下，嘗百草之滋味、水泉之甘苦，令民知所辟就。當此之時，一日而遇七十毒。」《新語・道基》：「民人食肉、飲血、衣皮毛，至於神農，以為行蟲走獸難以養民，乃求可食之物，嘗百草之實，察酸苦之味，教民食五穀。」《白虎通・號》：「古之人民，皆食禽獸肉。至於神農，人民眾多，禽獸不足。於是神農因天之時，分地之利，制未耜，教民耕作，神而化之，使民宜之，故謂之神農也。」《淮南子・主術訓》：「昔者神農之治天下也……甘雨時降，五穀繁殖。」《太平御覽》卷十引《屍子》：「神農理天下，欲雨則雨，五日為行雨，旬為穀雨，旬五日為時雨，萬物咸利，故謂之神雨。」炎帝神農的業績在這裡被描繪成一座輝煌的里程碑。也就是說，在盤古神話中，我們看到了天地的開闢；在女媧神話中，我們看到了人類的誕生；在伏羲神話中，我們不僅看到了漁獵生產的起始，而且看到了文明的曙光即卦的創造；而在神農神話中，我們則看到人類賴以生存發展的最重要的基礎——農耕不僅保障人類健康發展，告別了茹毛飲血的蒙昧階段，而且使人自身發展到了一個嶄新的時代，即依靠自身不斷發展壯大起來。在更多的文獻中，這種自身發展被具體描繪為農業技術和農業工具的發明創造。如《論衡・感虛》：「神農之揉木為耒，教民耕耨，民始食穀，穀始播種，耕田以為土，鑿地以為井。」《論衡・商蟲》：「（神農）藏種之方，煮馬尿以汁漬種者，令禾不蟲。」《藝文類聚》卷七二引《古史考》：「神農時，民食穀，釋米加燒石上而食之。」《藝文類聚》卷九一引《周書》：「（神農）作陶冶斤斧，為耜鋤耨，以墾草莽。然後五穀興，以助果蓏實。」《藝文類聚》卷五引《物理論》：「疇昔神農始作農功，正節氣，審寒溫，以為早晚之期，故立曆日。」《三皇本紀》：「（神農）作五弦之瑟，教人日中為市，交易而退，各得其所，遂重八卦為六十四爻。」《路史・後紀》卷三注引《錦帶書》：「神農甄四海。」《繹史》卷四引《春秋命曆序》：「神農始立地形，甄度四海遠近，山川林藪所至，東西九十萬里，南北八十三萬里。」《太平御覽》三六引《春秋元命苞》：「神農世怪獸生白阜，圖地形脈道。」「白阜為神農圖水道之畫，地形通脈，使不擁塞也。」《水經注・漻水》：「神農既誕，九井自穿。」《路史・後紀三》：「（神農）教之桑麻，以為布帛。」總之，神農之神奇在於開闢了農耕時代，教會了人民生產、生活，在工具的製作、種子的保存、曆日的制定，圖畫水道、甄度四海及做瑟、製卦爻、製衣帛等一系列勞動創造中，顯現出他卓越的智慧和非凡的功勳。

農耕時代改變了人類的生存方式，其重要標誌就是勞動技術的提高與勞動工具的發明創造。神農即農神，其意義就在於此。在中國神話時代中，農耕火神不獨炎帝，或不僅有此神農，還有稷、叔均、柱等神話人物；那麼，他們之間是否有血緣上的聯繫，是否同處於一個時代呢？《太平御覽》卷五三二引《禮圯外傳》：「稷者，百穀之神也。」《詩經・魯頌・閟宮》和《詩經・大雅・生民》以及《世本》中都稱姜嫄生下了后稷，《山海經・海內經》中則稱「帝俊生后稷」。從《尚書・呂刑》、《瑞應圖》、《國語》、《孟子》、《新語》、《淮南子》、《史記》、《漢書》、《越絕書》等典籍所記述的稷的業績中，可知稷與神農在許多地方是一樣的。其不同處在於，炎帝神農雖生於姜水，活動地點多在南方，而稷在《史記・周本紀》中明確提到「周后稷」；神農的「遺跡」分布點，有「謬水」（《水經注》卷三二）、「荊州」（《初學記》卷七引）、「淮陽」（《三皇本紀》）、「長沙」或「茶陵」（《路史・後紀三》）、「上黨羊頭山」（《路史・後紀三》）、「河北昭德百穀嶺」（《水滸》第九十六回引傳說）等處，而后稷「廣利天下」，其「遺跡」分布點有「雍州武功城西南二十二里古邰國」（《史記·周本紀》正義引《括地志》）、「絳郡」（《太平御覽》卷四五引《隋圖經》）和山西稷山等。《左傳·昭公二十九年》載：「有烈山氏之子曰柱，為稷。」《禮記·祭法》：「厲山氏之有天下也，其子曰農，能殖百穀。」在《國語·魯語》中則稱：「昔烈山氏之有天下也，其子曰柱，能殖百穀百蔬。」《山海經·海內經》：「稷之孫曰叔均，是始作牛耕。」不論是否真正如前所說神農與后稷有血緣關係，我們都認為，在中國神話中，神農與稷大致是同時代的，其中包含著不同地域文化間的交流，尤其是神話的融合與滲透，因此后稷神話當屬炎帝神農時代。

炎帝神農神話不僅在漢民族中廣泛流傳，而且也在一些少數民族中流傳。如苗族神話中說，神農時的西方恩國有穀種，神農曾告示天下，若有人取回穀種，便可娶其公主。結果神農家的狗翼洛取回了穀種，娶了公主；公主生下血球，血球中跳出七男七女苗漢兩家。同類的神話還有許多，在各民族的發展中，農耕是一個避不開的話題。

炎帝神農除融合了火神、太陽神、農神之外，還具有一個更為複雜的神性角色，即戰神，其表現就是他在與黃帝的爭鬥中作為一個失敗的英雄神而存在。關於這一點，我在黃帝時代中將作更詳細的論述。炎帝與黃帝是中華民族不可分割的兩位神話人物，迄今我們仍自稱炎黃子孫就是這個道理。同時，炎帝神農還是一位醫藥之神，是民間百姓的生命保護神。《淮南子·本經訓》中說他「嘗百草之滋味、水泉之甘苦，令民知所避就。當此之時，一日而遇七十毒」；《搜神記》卷一載：「神農以赭鞭鞭百草，盡知其平毒寒溫之性，臭味所主。」其他如《太平御覽》卷七二一引

《帝王世紀》、《文選・蜀都賦》、《事物紀原》、《夢粱錄》、《弘明集》等典籍中，都載有類似的事蹟。今天，許多地方還敬祀炎帝神農，如河南商丘火星台即閼伯台附近有神農墓，是把神農作為火神敬祀的；在中國南方廣大地區特別是江南地區，一些草藥行也曾供奉神農。相比黃帝神話及其信仰而言，神農神話的流傳和信仰更多地存在於下層百姓之中，若追溯其源頭，那就是影響了中國神話時代構成的炎黃戰爭吧！

炎帝神農神話所包含的神性集團因為炎黃之戰而顯得非常模糊，但究索文獻，依然可以從中管窺到諸多痕跡；也就是說，有許多神話我們依據其內容可以大致判斷其所處的時代。如著名的「精衛填海」，《山海經・北山經》中提到「（精衛）是炎帝之少女」，那麼，就可以把精衛列入炎帝神農時代；還有前面曾提到《山海經・海內經》記載「炎帝……生祝融」，可以把祝融所屬的時代，也大致定在炎帝神農時代；甚至著名的夸父追日神話故事，同樣可以將其歸入這樣一個時代，因為這個神話的核心在於太陽崇拜，與炎帝神話中的火神、太陽神相應，而且夸父神話的遺跡也基本處於炎帝神農神話流傳分布的區域，所以可作此推測，當然也只限於推測[3]。

---

[3] 《山海經・大荒經》有「應龍處南極，殺蚩尤與夸父」句，說明蚩尤與夸父同屬一個時代；蚩尤與黃帝戰之前曾與炎帝戰，由此也可推測他們屬於同一時代。

伍、黃帝時代

在中國神話時代中，黃帝時代達到了輝煌的峰巔。黃帝神話出現很早，而較早提到黃帝時代的是司馬遷，他在《史記・五帝紀》中說：「軒轅之時，神農氏世衰。諸侯相侵伐，暴虐百姓，而神農氏弗能征。於是，軒轅乃慣用干戈，以征不享；諸侯咸來賓從，而蚩尤最為暴，莫能伐。炎帝欲侵陵諸侯，諸侯咸歸軒轅。軒轅乃修德振兵，治五氣，藝五種，撫萬民，度四方，教熊羆貔貅貙虎，以與炎帝戰於阪泉之野。三戰，然後得其志。」黃帝神話在古代文獻中出現最為頻繁，其活動的區域大致相當於今天的黃河中下游地區；征伐四方、治理世界和發明創造，成為黃帝神話的核心內容。也就是說，黃帝神話的出現，標誌著中國神話系統的完備，其後漸漸走向衰微。在某種程度上講，黃帝神話系統相當於古希臘神話中的宙斯率眾神居於奧林匹斯山的意義。任何人在描述中國古代神話或歷史的時候，都無法繞開黃帝時代。所以，至今海內外華夏兒女都自稱炎黃子孫，把軒轅黃帝作為中華民族最為神聖的祖始神表達自己的信仰。

《竹書紀年》中提到「黃帝軒轅氏，居有熊」。《史記・五帝紀》中也提到「黃帝居軒轅之丘，而娶於西陵之女，是為嫘祖；嫘祖為黃帝正妃，生二子，其後皆有天下」。晉代皇甫謐在《帝王世紀》中說：「黃帝有熊氏，少典之子，姬姓也。母曰附寶[4]，其先即炎帝母家有嬌氏之女，世與少典氏婚，故《國語》兼稱焉[5]」；（黃帝）「受國于有熊，居軒轅之丘[6]，故因以為名，又以為號。」《白虎通・號》：「黃者，中和之色，自然之性也，萬世不易。黃帝始作制度，得其中和，萬世常存，故稱黃帝也。」《白虎通・聖人》：「黃帝龍顏，得天匡陽，上法中宿，取象文昌。」《史記・天官書》：「軒轅，黃龍體。」《尸子》：「黃帝四面。」《論衡・吉驗》記述曰：「傳言黃帝妊二十月而生，生而神靈，弱而能言。」《太平御覽》卷六引《天文錄》：「陰陽交感，震為雷，激為電，和為雨，怒為風，亂為霧，凝為霜，散為露，聚為雲，氣立為虹、霓，離為背、矞，分為抱、珥：此十四變皆軒轅主之。」《山海經・海內經》中提到軒轅之國，說其「人面蛇身，尾交首上」；《離騷》洪承疇補引《春秋合誠圖》說：「軒轅，主雷雨之神。」這些記述中的黃帝形象既鮮明又豐富。《淮南子・說林訓》高注記述曰：「黃帝，古天神也，始造人時，化生陰陽。」這樣一個大神，以威而震懾天下，如《路史・發揮二》所引《程子》云：「黃帝之治天下也，百神出而受職於明堂之廷。」《列仙傳》說：「黃帝者號曰軒轅，能劾百神，朝而使之，弱而船言，聖而預知，知物之紀。」這裡的黃帝活脫脫是一個指點江山的蓋世英雄大神。

---

4 《太平御覽》卷七九引《河圖捏矩》稱：「黃帝名軒」，「母地祇之女附寶」。

5 《國語・晉語》稱：「昔少典娶於有嬌氏，生黃帝、炎帝。黃帝以姬水成，炎帝以姜水成。成而異德，故黃帝為姬，爽帝為姜。二帝用師以相濟也，異德之故也。」

6 關於黃帝生地，目前可知河南新鄭為其故里。有學者稱，山東壽丘說全在於孔安國作偽。

黃帝的功績首推鑄鼎。

鼎，在中國歷史上是權力的象徵物。《史記・封禪書》：「黃帝作寶鼎三，象天、地、人。」《雲笈七籤》卷一〇〇《軒轅本紀》云：「軒轅采首山之銅，將鑄九鼎于荊山之下，以象太一於雍州。是鼎神質文精也，知吉知凶，知存知亡，能輕能重，能息能行，不灼而沸，不汲自滿，中生五味，真神物也。」《鼎錄》：「金華山，黃帝作一鼎，高一丈三尺，大如十石甕，象龍騰雲，百神螭獸滿其中。」《太平御覽》卷六六五引《東鄉序》：「軒轅采百山之銅以鑄鼎，虎豹百禽為之視火。」

鼎是權力的符號，鑄鼎就是立國、治世。《國語・晉語》：「凡黃帝之子，二十五宗，其得姓者十四人，為十二姓：姬、酉、祁、己、滕、葴、任、苟、僖、姞、儇、依是也。」在《史記・五帝本紀》和《路史・國名記甲》等文獻中，記載頗詳。《山海經》中所述黃帝譜系更加詳細，其後可分為五大系，一是禺貌、禺京系，一是昌意、韓流、顓頊系，一是駱明、白馬系，一是苗龍、融吾、弄明、白犬系，一是始均、北狄系。其中，昌意、韓流、顓頊系最為旺盛，內分伯服系、淑士系、老童系、三面系、叔歜系、驩頭與苗民系；老童一系又分祝融——太子長琴系、重系、黎——噎系。其次數駱明、白馬系為旺盛，白馬即鯀，其內分炎融——驩頭系、禹——均國——役采修鞈——綽人系。戴德《大戴禮記・帝系》云：「少典產軒轅是為黃帝。黃帝產玄囂，玄囂產蟜極，蟜極產高辛，是為帝嚳；帝嚳產放勳，是為帝堯。黃帝產昌意，昌意產高陽，是為帝顓頊；顓頊產窮蟬，窮蟬產敬康，敬康產句芒，句芒產蟜牛，蟜牛產瞽叟，瞽叟產重華，是為帝舜，及產象敖；顓頊產鯀，鯀產文命，是為禹。」李延壽在《北史・魏本紀》中指出「魏之先祖出自黃帝軒轅氏」，司馬遷在《史記・匈奴傳》中指出匈奴出自夏後氏（今蒙古族為匈奴後代，為黃帝後裔），房玄齡在《晉書・載記十六》中也提到羌人為有虞氏舜之後（有學者指出今藏族為羌之後，亦當為黃帝苗裔）。《春秋命曆序》對黃帝時代進行總結，說：「黃帝傳十世，一千五百二十歲。」此誠如《莊子・盜蹠》中所言：「世之所高，莫若黃帝。」

在鑄鼎的背後．可以看到黃帝對中華民族統一所形成的奠基性意義，這對中華民族的發展有著極其深遠的影響。鑄鼎就是立國，而在立國的同時，不能忽視的是前面所提到的三件大事，即統一戰爭的神話、治理世界的神話和發明創造的神話中所顯現的中華民族曲折而艱難的壯大歷程。海內外華夏兒女自稱黃帝的子孫，其根據就在這裡。也就是說，黃帝神話的流傳，實際上構成了悠遠而豐富的民間闡釋系統，其核心內容即在於述說黃帝神聖的業績對於中華民族形成和不斷發展壯大的意義。

一、戰爭神話

黃帝政治集團的形成決定了由黃帝統一各部落。《鄧析子・無厚》：「百戰百勝，黃帝之師。」《藝文類聚》卷十一引《帝王世紀》：「（黃帝）凡五十二戰，而天下大服。」《太平御覽》卷七九引《萬機論》：「黃帝之初，養性愛民，不好戰伐，而四帝各以方色稱號，交共謀之。邊城日驚，介冑不釋。黃帝歎曰：夫君危于上，民安於下，主失其國，其臣再嫁。厥病之由，非養寇也。今處民萌之上，而四盜亢衡，遞震于師。於是遂即營壘，以滅四帝。」不論《萬機論》是否在為黃帝發動戰爭作合理性解說，我們都可以清楚地看到，戰爭神話表現出黃帝政治集團日益強大後統一天下的必然趨勢。

戰爭神話的描述主要有兩種，一是黃帝與炎帝爭奪帝位，一是黃帝對蚩尤的平伐。前者是黃帝「代神農氏而立」的具體描述，後者是黃帝為穩固政權而作出的艱苦努力。

炎黃之爭的主要戰場有兩處，一是阪泉，一是涿鹿。《國語・晉語》、《呂氏春秋・孟秋紀・蕩兵》和《淮南子・兵略訓》用炎帝為火與黃帝相異德來解釋戰爭的起源。《論衡・率性》中直接指明黃帝與炎帝爭為天子。《大戴禮・五帝德》：「（軒轅）教熊羆貔虎以與赤帝戰於阪泉之野，三戰，然後得行其志。」《太平御覽》卷七九引《帝王世紀》：「神農氏衰，黃帝修德化民，諸侯歸之。黃帝於是乃擾馴猛獸，與神農氏戰於阪泉之野，三戰而克之。」《史記・五帝本紀》：「炎帝欲侵陵諸侯，諸侯咸歸軒轅。軒轅……教熊、羆、貔貅、貙、虎，以與炎帝戰於阪泉之野，三戰，然後得其志。」《列子・黃帝》：「黃帝與炎帝戰於阪泉之野，帥熊、羆、狼、豹、貙、虎為前驅，雕、鶡、鷹、鳶為旗幟。」阪泉作為地名，《晉太康地志》說即河北涿鹿，《夢溪筆談》說在山西運城。筆者以為阪泉與涿鹿二者是有別的，炎黃之爭的戰場當為多處，才符合實際。明確指出戰場是涿鹿之野的是《新書・益壤》：「黃帝者，炎帝之兄也。炎帝無道，黃帝伐之涿鹿之野，血流飄杵，誅炎帝而兼其地，天下乃治。」《新書・制不定》：「炎帝者，黃帝同父母弟也，各有天下之半。黃帝行道，而炎帝不聽，故戰涿鹿之野，血流飄杵」兩處戰爭神話，後者突出的是「道」與「無道」之爭，而前者突出的是以動物為標誌的黃帝軍事聯盟力量與炎帝力量的懸殊對比，在「三戰，然後得其志」中隱現著殘酷的爭鬥，其間曾經過多次搏殺。

軒轅黃帝之軒轅，應該是戰爭的標誌，軒轅之軒與轅，都是戰車的一部分，也是國家政權的具體體現。因而，在軒轅背後，應該包含著眾多的戰爭神話。戰爭神話的流傳從來不是無緣無故的，都應該蘊含著具體的掠奪與抗爭等社會歷史事件。

與黃帝相抗衡的另一支力量是蚩尤族。這則戰爭神話在文獻中的描述更為出色。《路史・後紀》中羅注引《龍魚河圖》：「黃帝之初，有蚩尤氏，（其）兄弟七十二人。」《竹書紀年》沈注：「屬於蚩尤之各族，有熊氏、羆氏、虎氏、豹氏。」由此可知，蚩尤集團作為軍事力量應當是異常強大的，很可能構成對黃帝集團的威脅。《太平御覽》卷七四引《龍魚河圖》：「蚩尤兄弟八十一人，並銅頭鐵額，食沙石。」《管子・地數》：「葛盧之山發而出水，金從之，蚩尤受而知之，以為劍、鎧、矛、戟，是歲相兼者諸侯九；雍狐之山發而出水，金從之，蚩尤受而制之，以為雍狐之戟、芮戈，是歲相兼者諸侯十二。」《太平御覽》卷三三九引《兵書》：「蚩尤之時，爍金為兵，割革為甲，始制五兵。」《路史・後紀四》羅注引《龍魚河圖》：「（其）制五兵之器，變化雲霧。」蚩尤集團不但人員眾多，而且掌握了較為先進的軍事技術，黃帝欲統一天下，就必須平伐蚩尤。蚩尤是「九黎之君」，《逸周書・嘗麥解》說：昔天之初「命蚩尤宇於少昊，以臨四方」；在《初學記》卷九所引《歸藏・啟筮》中，說他「八肱、八趾、疏首」；《述異記》說他

「能作雲霧」，「人身、牛蹄、四目、六首」，「齒長二寸，堅不可碎」；《管子・五行》稱蚩尤「明乎天道」；《文選・西京賦》稱「蚩尤秉鉞，奮發被般，禁禦不若，以知神奸，魑魅魍魎，莫能逢旃」。在這些材料中，並未見到他引起黃帝征伐的直接原因。在《國語・楚語》中，看到了戰爭引發的蹤影，即「九黎亂德」；《大戴禮・用兵》說他「昏欲而無厭」，這就頗有點「何患無辭」了。在《鶡冠子・世兵》中，我們看到「蚩尤七十（戰）」；《逸周書・嘗麥解》說：「蚩尤乃逐帝，爭于涿鹿之阿，九隅無逸。」《路史・後紀四》：「阪泉氏蚩尤，姜姓，炎帝之裔也，好兵而喜亂，逐帝而居於涿鹿。」《太平御覽》卷五六引《帝王世紀》：「蚩尤氏強，與榆罔爭王于涿鹿之阿。」於是，才有《莊子・盜蹠》中的「榆罔與黃帝合謀」和《逸周書・嘗麥解》中的「赤帝大懾，乃說于黃帝」。應該說，這才是黃帝討伐蚩尤的直接原因。蚩尤是不屈不撓的抗爭英雄，《述異記・上》說：「蚩尤氏耳鬢如劍戟，頭有角，與軒轅鬥，以角牴人，人不能向。」《太平御覽》卷十五引《黃帝元女戰法》：「黃帝與蚩尤九戰九不勝。」由此可見戰爭的激烈。《帝王世紀》說：「（黃帝）征師諸侯，使力牧、神皇直討蚩尤氏。」在《黃帝內傳》和《事物紀原》等文獻中又有黃帝采首陽之金「鑄為鳴鴻刀」，「制甲冑以備身」，「設八陣之形」，「教熊羆貔貅貙虎，制陣法，設五旗五麾」，「鑄鉦、鐃以擬雹擊之聲」，「弦木為弧，剡木為矢」，甚至「使歧伯所作（《鼓吹》）以揚德建武」，兩軍「戰涿鹿之野，流血百里」。儘管如此，黃帝一時還是不能制服蚩尤。《山海經・大荒北經》所作的一段描述最為生動：「蚩尤作兵伐黃帝，黃帝乃令應龍攻之冀州之野，應龍畜水。蚩尤請風伯雨師縱大風雨。黃帝乃下天女曰魃，雨止，遂殺蚩尤。」

《山海經・大荒北經》吳注引《廣成子傳》曰：「蚩尤銅頭啖石，飛空走險。（黃帝）以馗牛皮為鼓，九擊止之。尤不能飛走，遂殺之。」《太平御覽》卷十五引《志林》曰：「黃帝與蚩尤戰于涿鹿之野，蚩尤作大霧，彌三日，軍人皆惑。黃帝乃令風后斗機作指南車以別四方，遂擒蚩尤。」《通典・樂典》曰：「蚩尤氏師魑魅以與黃帝戰于涿鹿。帝令吹角作龍吟以禦之。」最後，黃帝征服了蚩尤，《山海經・大荒南經》郭注曰：「蚩尤為黃帝所得，械而殺之，已摘棄其械，化而為樹也。」《事類注》卷十一引《帝王世紀》曰：「黃帝殺蚩尤，以其皮為鼓，聲聞百里。」蚩尤被黃帝殺了，他的血變成了「解州鹽澤」，人稱這「鹵色正赤」的血為「蚩尤血」（《夢溪筆談》三）。但蚩尤並沒有完全銷聲匿跡，九黎苗裔仍在尊崇他，《史記・封禪書》中的「祠蚩尤」、《史記・天官書》中的「蚩尤之旗」和《述異記》中的「蚩尤戲」，以及《東國歲時記》中的「蚩尤之神」赤符，還有《刀劍錄》中的「蚩尤劍」等，都成為人們對蚩尤的懷念。《藝文類聚》卷十一引《龍魚河圖》曰：「制服蚩尤，帝因使之主兵，以制八方。蚩尤沒後，天下復擾亂。黃帝遂畫蚩尤形象以威天下。天下咸謂蚩尤不死，八方萬邦皆為弭服。」《韓非子・十過》曰：「昔者黃帝合鬼神于西泰山之上，駕象車而六蛟龍，畢方並鎋，蚩尤居前，風伯進掃，雨師灑道，虎狼在前，鬼神在後，騰蛇伏地，鳳凰覆上。大合鬼神，作為《清角》。」《拾遺記》曰：「軒轅去蚩尤之凶，遷其民善者于鄒屠之地，遷惡者於有北之鄉。」總之，完成了對蚩尤集團的平伐，黃帝集團的地位才得以從根本上確立和鞏固；同時，這也標誌著黃帝集團統一天下的宏偉大業具體完成。

二、治世神話

世界的治理與維護是人類社會的重要主題。神話傳說對這一內容的表現既是對社會現實的總結，也是對文明形態的想像與表達。

黃帝統一大業完成後，最重要的任務是延攬四方賢能之士，保持國家的長治久安。《太平御覽》卷三七引《帝王世紀》曰：「黃帝夢大風，吹天下塵垢皆去。又夢人執千鈞之弩，驅羊數萬群。帝歎曰：『風為號令垢去土，后在也。豈有姓風名後者哉？千鈞之弩，異力；能遠驅羊數萬群，牧民為善。天下豈有姓力名牧者哉？』得風后於海隅，得力牧於大澤。」姓名制度的出現是更晚的事情，顯然，這是後人借黃帝尋賢能所抒發的政治情懷。在黃帝神話中，力牧、常鴻、大隗、風后等能臣的延攬，確實表現了原始先民的政治觀念。訪尋賢能是後世政治家的理想行為，黃帝作為理想中的政治大神，他頭頂上的光環更為奪目。《路史・發揮二》引《程子》「黃帝之治天下也，百神出而受職於明堂之廷」，就是指此。《莊子・徐無鬼》記述曰：「黃帝將見大隗乎具茨之山，方明為禦，昌寓驂乘，張若、謵朋前馬，昆閽、滑稽後車。至於襄城之野，七聖皆迷，無所問途。適遇牧馬童子，問途焉，曰：『若知具茨之山乎？』曰：『然。』『若知大隗之所存乎？』曰：『然。』黃帝曰：『異哉小童！非徒知具茨之山，又知大隗之所存，請問為天下。』小童曰：『夫為天下者，亦若此而已矣，又奚事焉！予少而自遊於六合之內，予適有瞀病，有長者教予曰：『若乘日之車而遊於襄城之野。今予病少痊，予又且復遊於六合之外。夫為天下亦若此而已，予又奚事焉！』黃帝曰：『夫為天下事，則誠非吾子之事。雖然，請問為天下。』小童辭，黃帝又問。小童曰：『夫為天下者，亦奚以異乎牧馬者哉！亦去其害馬者而已矣。』黃帝再拜稽首，稱天師而退。」《莊子・在宥》曰：「黃帝立為天子十九年。令行天下，聞廣成子在於空同之山，故往見之。曰：『我聞吾子達於至道，敢問至道之精。吾欲取天地之精以佐五穀，以養民人。吾又欲官陰陽以遂群生，為之奈何？』廣成子曰：『而所欲問者，物之質也；而所欲官者，物之殘也。自而治天下，雲氣不待族而麗，草木不待黃而落，日月之光益以荒矣。而佞人之心翦翦者，又奚足以語至道！』黃帝退，捐天下，築特室，席白茅，閒居三月，復往邀之。廣成子南首而臥，黃帝順下風膝行而進，再拜，稽首而問曰：『聞吾子達於至道，敢問：治身奈何可以長久？』廣成子蹶然而起，曰：『善哉問乎。來！吾語汝至道。』」這兩段傳說是歷來為政治家所推崇的政治神話。《莊子》的背後所表現的無為情結是另外一回事，這裡所傳達的卻是黃帝治世的神話，是與黃帝「四面」相一致的。《太平御覽》卷七九引《帝王世紀》記述曰：「力牧、常先、大鴻、神農、皇直、封鉅、大隗、大山、稽鬼、臾區、封胡、孔甲等，或以為師，或以為將，分掌四方，各如己親，故號曰『黃帝四面』。」這固然是神話歷史化的表現，它所傳達的黃帝擢用賢能則確實表現出古代政治理想的神話資訊。在此種政治神話的傳播中，黃帝的神性面目越來越黯淡，諸如黃帝「蒼色，大肩」（《軒轅本紀》），「身逾九尺，附函挺朵，修髯花瘤」（《路史，後紀五》），「河目而隆顙」（《孔叢子・嘉言》），「兌頤」（《河圖》）等，完全成為一副帝王打扮。黃帝神話的治世立國主題，更多地為世俗性詮釋所隱沒。如《開元占經》卷一一六引《瑞應圖》曰：「黃帝巡於東海，自澤出，能言語，達知萬物之情，以戒於民，為除災害。」《繹史》卷五引《易林》：「黃帝出遊，乘龍駕風，東上太山，南遊齊魯，邦國咸喜。」《雲笈七籤》卷一〇〇《軒轅本紀》曰：「有巨蛇害人，黃帝以雄黃卻逐之。」《抱樸子・登陟》：「昔圓丘多大蛇，又生好藥。黃帝將登焉，廣成子教之佩雄黃，而眾蛇皆去。」《繹史》卷五引《新書》曰：「故黃帝……濟東海，人江內，取綠圖而濟積石，涉流沙，登於崑崙，於是還歸中國，以平天下。」最能對黃帝治世立國業績作出全面評價的，是《淮南子・覽冥訓》：「昔者黃帝治天下，而力牧、太山稽輔之，以治日月之行律，治陰陽之氣，節四時之度，正律曆之數，別男女，異雌雄，明上下，等貴賤，使強不掩弱，眾不暴寡，人民保命而不夭，歲時孰而不凶，百官正而無私，上下調而無尤，法令明而不暗，輔佐公而不阿，田者不侵畔，漁者不爭隈，道不拾遺，市不豫賈，城郭不關，邑無盜賊，鄙旅之人相讓以財，狗彘吐菽粟于路，而無忿爭之心。於是日月爭明，星辰不失其行，風雨時節，五穀登孰，虎狼不妄噬，鷙鳥不妄搏，鳳凰翔于庭，麒麟翔於郊，青龍進駕，飛黃伏皁，諸北、儋耳之國，莫不獻其貢獻。」

具體述說黃帝治世的神話，除了以上所提及的鑄鼎和尋賢能之人而用外，是一些典籍所描述的黃帝對各種制度的確立。如《路史・後紀五》羅注引《晉志》曰：「黃帝作律，以玉為珀，長尺六寸，為十二月。」《隋志》曰：「黃帝觀漏水制器，取則以分晝夜。」《續漢書・天文志》注曰：「黃帝分星野，凡中外宮常明者五百二十四，名者三百二十，微星萬一千五百二十。」「星官之書，自黃帝始。」《世本》注曰：「黃帝始制嫁娶。」《帝王世紀》曰：「帝吹律定姓。」《路史・後紀一》羅注曰：「黃帝始分土建國。」《尚書大傳・略說》曰：「黃帝始……禮文法度，興事創業。」《通典・禮》曰：「黃帝始制法度，得道之中，萬代不易。」在《軒轅本紀》中，黃帝「定百物之名」，「定藥性之善惡」，「作八卦之說」。《通鑑外紀》卷一講得更詳細，曰：「（黃帝）經土設井，以塞爭端；立步制畝，以防不足。使八家分井，並開四道而分八宅，鑿井於中，一則不泄地氣，二則不贅一家，三則同風俗，四則齊巧拙，五則通財貨，六則存亡更守，七則出入相司，八則嫁娶相媒，九則有無相貸，十則疾病相救，是以情性可得而視，生產可得而均，欺陵之路塞，鬥訟之心弭。井一為鄰，鄰三為朋，朋三為里，里五為邑，邑十為都，都十為師，師十為州。」《漢書・王莽傳》曰：「黃帝定天下，將兵為上將軍，建華蓋，立斗獻。」《事物紀原》卷七中說：「凡技術皆自軒轅始。」其中技術也包括制度的應用。

總之，黃帝創造了以制度為表徵的國家，使一切都井然有序。這些內容儘管包含著許多附會，尤其是仙話的成分，但是，卻不能不說其中應該包融著更多的原始神話的信仰成分，它在總體上體現出原始先民所具有的政治觀、國家觀、倫理觀等觀念痕跡。

三、發明創造神話

物質與文化的不斷豐富是人類社會不斷發展進步的具體顯現。

黃帝不但統一了各部落，建立了國家，而且發明創造了許多物質文明，這是黃帝神話的另一個更為重要的主題。這種發明創造共兩種類型，一是以黃帝為名所列，一是以黃帝之臣或黃帝之族為名所列，二者從總體上顯示出黃帝時代物質文明的燦爛輝煌。

首先是黃帝發明創造了衣食住行所依賴的生活用具和生活方式。民以食為天，飲食的方式標誌著社會發展的變遷。《太平御覽》卷八四七引《古史考》曰：「始有燔炙，人裹肉燒之，曰炮，故食取名焉。及神農時，民食穀，釋米，加于燒石之上而食。及黃帝始有釜甑，火食之道成。」其卷中所引《周書》載有「黃帝始蒸穀為飯」和「黃帝始烹穀為粥」，這都表明黃帝時代飲食方式所發生的重大變化，即徹底告別了茹毛飲血的蒙昧階段。《雲笈七籤》卷一〇〇《軒轅本紀》「帝作灶」，即指此種意義。《管子・輕重戊》曰：「黃帝作，鑽燧生火，以熟葷臊。民食之，無茲胃之病，而天下化之。」《世本》曰：「黃帝造火食。」這些記載都是在述說同一種意義。接著是房屋和衣服的製造，《風俗通義・皇霸》曰：「黃帝始制冠冕，垂衣裳，上棟下宇，以避風雨。」《新語》曰：「天下人民野居穴處，未有室屋，則與禽獸同域。於是，黃帝乃伐木構材，築作宮室，上棟下宇，以避風雨。」《尚書大傳・略說》和《春秋內事》也都提及「上棟下宇，以避風雨」之事。《史記・五帝本紀・正義》：「黃帝之前，未有衣裳屋宇；及黃帝造屋宇，制衣服，營殯葬，萬民故免存亡之難。」食、住、衣是日常生活的最基本的需要，行作為神話表現的方式，所描述的內容在這裡是車和船的發明創造。《周易・繫辭下》記述曰：「（黃帝）刳木為舟，剡木為楫，舟楫之利以濟不通，致遠以利天下……服牛乘馬，引重致遠，以利天下。」《路史・前紀七》曰：「軒轅氏作于空桑之北，紹物開智，見轉風之蓬不已者，於是作制乘車，櫝輪璞較，橫木為軒，直木為轅，以尊太上，故號曰軒轅氏。」《文選・東都賦》曰：「作舟輿，造器械，斯乃軒轅氏之所以開帝功也。」至此，衣食住行的神話在黃帝時代全部展現出與現代無異的內容，所以，不得不把這樣一個時代看作一個根本上改變了生活方式的轉折時代，看作人類從蒙昧、野蠻走向文明的一個分水嶺。

其次是黃帝不但教會人民避開風雨、廣泛獲取食物、免除步行勞苦，而且教會了人民享受生活，創造更多的歡樂和文明，使生活日益豐富多彩起來。《世本》曰：「黃帝作旃。」《路史・後紀五》曰：「黃帝造車服為之遮罩也」，「（黃帝）制金刀，立五幣，設九棘之利，而為輕重之法」，「黃帝受地形，象天文以制官，蓋至是名位乃具」，「棺槨之作自黃帝始」，「黃帝作律，以玉為管，長尺六寸，為十二月」，「（黃帝）迎日推策，造六十神曆。」《事物紀原》卷一記述曰：「黃帝立子丑十二辰以名月，又以十二名獸屬之。」「黃帝造星曆，正閏除。」《事物紀原》卷七記述曰：「幾創始自黃帝也」，「占歲起于黃帝。」《後漢書・郡國志》注引《帝王世紀》曰：「黃帝推分星次，以守律度」，「凡天有十二次，日月之所躔也；地有十二分，王侯之所國也。」其他還有「蹴蹋，黃帝所造」（《別錄》），「鏡始于軒轅」（《黃帝內傳》），「黃帝以其緩急作五聲以政五鐘」，「五聲既調，然後作立五行以正天時，五官以正人位；人與天調，然後天地之美行」（《管子・五行》）和「黃帝始作陶」，「黃帝始儺」，「黃帝作《歸藏》」（《路史》）等，都盡情展現出黃帝時代的盛景。值得注意的還有《繹史》卷五引《黃帝內傳》所述：「帝既與王母會于王屋，乃鑄大鏡十二面，隨月用之。」在黃帝的周圍，各種創造發明伴隨著眾多的神系，使這個時代空前地耀眼爍目。

黃帝時代的文明不獨黃帝個人所創造。嫘祖在傳說中是黃帝的「元妃」，她成為蠶神受到後世祭祀。《史記．五帝本紀》：「黃帝居軒轅之丘，而娶於西陵之女，是為嫘祖。」《通鑒外紀》卷一：「西陵氏之女嫘祖，為黃帝元妃，始教民育蠶，治絲繭以供衣服，後世祀為先蠶。」《後漢書．禮儀志上》中提到，每年的三月，人們「祠先蠶，禮以少牢」，祭祀這位女神。又如倉頡造字，在古籍中也頗多記載。《論衡．首相》：「倉頡四目，為黃帝史。」《路史．前紀六》：「（倉頡）創文字，形位元成，文聲具，以相生為字；以正君臣之分，以嚴父子之義，以肅尊卑之序；法度以出，禮樂以興，刑罰以著；為政立教，領事辦官，一成不外，於是而天地之蘊盡矣。天為雨粟，鬼為夜哭，龍乃潛藏。」倉頡的形象在神話中被描述為「四目」，在《荀子》、《淮南子》、《春秋演孔圖》、《春秋元命苞》和《世本》所引漢代《倉頡廟碑》等文獻中，都極力張揚倉頡「四目靈光」、「通於神明」的神性形象。在《論衡》、《說文》中，都述說倉頡「依類象形」而「創字」。《文脈》說：「倉頡制字，泄太極之秘，六書象形居多。」《封氏聞見記．文字》：「倉頡觀鳥獸之跡以作文字。」《援神契》：「倉頡視龜而作書。」《春秋元命苞》中說：「（倉頡）窮天地之變，仰觀奎星圓曲之勢，俯察龜文、鳥羽、山川、指掌而創文字。」這頗類於《易．爻辭》中關於伏羲作卦的神話描述。誠然，此類神話都表明我們的祖先經歷了漫長的歲月，他們的業績是何等艱辛。像倉頡造字這樣「天雨粟，鬼夜哭」，表現出「通神明之德」的情結，都反映了後世子孫對祖先的崇仰和懷念。在黃帝時代，不但有倉頡和嫘祖創造了光輝的業績，而且有更多的賢能之士以「黃帝臣」的名義進行出了驚世的發明創造，他們聚集在黃帝周圍，形成眾星拱月的壯麗景觀。如《雲笈七籤》卷一〇〇《軒轅本紀》載：黃帝時「有臣胡曹造衣，臣伯余造裳」，「有共鼓、化狄二臣助作舟楫」，「有臣胲作服牛以用之」，「有臣雍父始作舂」，「有臣揮始作弓，臣夷牟作矢」，「臣伶倫作權量」，「有臣史王造畫」，「扁鵲、俞附二臣定脈理，療萬姓」，「有甯子作陶正」，「令孔甲始作盤盂，以代凹尊坯飲之樸」，「令風后演河圖法而式用之，創十八局，名曰遁甲，以椎客勝負之說」。《辨正論》注一載：「黃帝佐官有七人：倉頡造文字，大橈造甲子，隸首造算數，容成造日曆，岐伯造醫方，鬼諛區占侯，奚仲造車作律，管興蟬壇禮也。」《世本》載：「黃帝使羲和作占日，常儀作占月，臾區占星氣，伶倫造律呂」，「後益作占歲」。《呂氏春秋・仲夏紀・古樂》載：「黃帝又令伶倫與榮將，鑄十二鐘以和五音，以施英韶。」《路史・後紀五》載：「（黃帝）令豎亥通道理，正里候。」這些記載將所有的霞彩都塗抹作黃帝身後的屏障，從而讓後人仰望到黃帝時代空前的眾神狂歡的場景。這是中國神話時代最耀眼的篇章，令無數黃帝的子孫深深地感到自豪和光榮。從此，中國神話時代步入一個又一個階段，但從未有任何一個神話時代能與黃帝時代媲美，而且，許多神話還與黃帝神話發生血緣上的聯繫。

黃帝神話被後世的方家術士所鍾情，他們極力借助黃帝編造成仙、煉丹、封禪的謊言以蠱惑人心，而民間百姓並未為他們所支配，在神州大地上，迄今仍保存著許多關於黃帝的神話遺址，表現出華夏子孫對自己祖先的崇仰之情。如陝西黃陵縣的黃帝陵，每年清明時節都有海內外華人來此拜謁；甘肅天水有黃帝出生的軒轅谷；河北涿鹿有傳說黃帝戰炎帝、戰蚩尤的黃帝城、黃帝泉；河南有新鄭黃帝故里、黃帝嶺，以及新密風後嶺、大隗山和黃帝宮；軒轅黃帝的傳說故事尤為豐富。《路史・後紀五》羅注引張氏《土地記》說：「東陽永康南四里石緘山上有石城，黃帝遊此；而黃山、皖公、縉雲、衡山、衡之雲陽山，皆有黃帝蹤跡焉。」更有數不清的地方保存著豐富的黃帝神話傳說，民間百姓把家鄉的山山水水、一草一木都同黃帝聯繫在一起。特別是河南的中西部地區新鄭、新密、登封、臨汝、靈寶和陝西東部的潼關一帶，分布著相當密集的黃帝神話遺址。同時，陝西白水有倉頡造字台，河南的開封、內黃、虞城也有倉頡神話遺址，諸如倉頡墓、倉頡造字台、倉頡城等，許多地方還有廟會敬祀倉頡，甚至把倉頡作家仙，請求這位傳說中的黃帝大臣保佑一方平安。一些姓氏如侯氏、倉氏、夷門氏奉倉頡為自己的祖先。黃帝神話迄今仍然系統、完整地保存在民間，這絕不是偶然的。

陸、顓頊帝嚳時代

顓頊和嚳相處於同一個時代，他們的神性特徵沒有太大的差別。從文獻中可知，他們有著同樣的血統。《史記・五帝本紀》：「帝嚳高辛者，黃帝之曾孫也。高辛父曰嬌極，嬌極父曰玄囂，玄囂父曰黃帝。」「顓頊崩，而玄囂之孫高辛立，是為帝嚳。」《國語・周語下》：「星與辰之位，皆在北維，顓頊之所建也，帝嚳受之。」《山海經・海內經》：「黃帝妻雷（嫘）祖，生昌意；昌意降處若水，生韓流；韓流擢首、謹耳、人面、豕喙、麟身、渠股、豚趾，取淖子曰阿女，生帝顓頊。」他們都是黃帝的子孫，因為「星辰之位」而發生帝位的繼承。真正使他們聯繫成為一體的是兩件事，一是與共工的戰爭，一是與重、黎的關係。正是這兩件事，構成了這個神話時代的重要特色。也就是說，與共工的戰爭，表明他們兩位帝君氏族利益上的一致，而他們與重和黎的聯繫，則包含著絕地天通這樣一個文化主題。

從《山海經》中我們可以看到，神話傳說中的顓頊之國事實上就是顓頊之族。《山海經・大荒南經》：「有國曰顓頊，生伯服，食黍。」在《大荒南經》和《大荒北經》中，顓頊之子為「季禺之國」、「淑士之國」和「叔歇之國」、「中輔之國」等，《大荒西經》中還有一個三面一臂的「不死」之子。這些顓頊之子共同構成了龐大的顓頊氏族這樣一個神性集團。顓頊是黃帝的子孫，這是一個大背景，而他的出生則塗上了相當豐富而神秘的色彩。如《大戴禮・帝系》：「昌意娶於蜀山氏之子，謂之昌僕氏，產顓頊」，「昌意降居若水」。《呂氏春秋・仲夏紀・古樂》：「帝顓頊生自弱水，實處空桑，乃登為帝，惟天之合。」《竹書紀年》沈注：「母曰女樞，見瑤光之星，貫月如虹，感己于幽房之宮，生顓頊于若水。」《太平御覽》卷七九引《河圖》：「瑤光之星，如霓貫月，正月感女樞幽房之宮，生黑帝顓頊。」顓頊「仗萬靈以信順，監眾神以導物，設禦百氣，召致雷電」（《繹史》卷七引《真誥》）。他「首戴干戈」（《帝王世紀》），「渠頭駢幹，通眉帶幹」（《路史・後紀八》），「有曳影之劍，騰空而舒。若四方有兵，此劍則飛起指其方，則克伐。未用之時，常於匣裡裹如龍虎之吟」（《拾遺記》一），「上法日月，參集成紀，以理陰陽」（《春火元命苞》），所以「共工為水害」，這位「戴幹」、「駢幹」的高陽帝輕而易舉地就誅殺了他。當然，共工亦非等閒之輩。《管子・揆度》：「（共工）乘天勢以隘制天下。」《韓非子・五蠹》：「共工之戰，錢鍤短者及乎敵，鎧甲不堅者傷乎體。」最能撼人者，是《列子・湯問》中的「共工氏與顓頊爭為帝」，其「怒而觸不周之山，折天柱，絕地維」，使天地都發生了變化。《史記・律書》：「顓頊有共工之陣，以平水害。」《太平御覽》卷九〇八引《瑣語》：「昔共工之卿曰浮游，既敗於顓頊，自沒沉淮之淵。」打敗共工和共工氏族的，不獨顓頊自己，而且有「伯夷父」、「老彭」和「大款、赤民、柏亮父」；此外，還有天下之民謂之「八愷」的「高陽氏才子八人」，即「齊、聖、廣、淵、明、允、篤、誠」（《左傳・文公十八年》）。《大唐新語》：「九夷亂德，顓頊征之。」《大戴禮・五帝德》：「（高陽）乘龍而至四海，北至於幽陵，南至於交趾，西濟於流沙，東至於蟠木，動靜之物，小大之神，日月所照，莫不祗勵。」不惟如此，顓頊「死即復蘇」（《山海經・大荒西經》），他「以孟春正月為元，其時正朔立春，五星會于天曆營室，天日作時，地曰作倡，人曰作樂，鳥獸萬物莫不應和」（《繹史》卷七引《古史考》）。他還「作渾儀」、「作《六莖》」，「購名岡，倮大澤，制十等之幣，以通有亡」（《路史・後紀八》）。最後，他完成了使重與黎「絕地天通」（《尚書・呂刑》）的莫大業績。他命重、黎絕地天通，使「重獻上天」，使「黎邛下地」（《山海經・大荒西經》）。《國語・楚語下》：「古者民神不雜。」「及少昊之衰也，九黎亂德，民神雜糅，不可方物。」「禍災薦臻，莫盡其氣。」「顓頊受之，乃命南正重司天以屬神，命火正黎司地以屬民，使復舊常，無相侵瀆，是謂絕地天通。」絕地天通的背後是人與神的分野，是巫的角色在顓頊神話中的集中體現。在《山海經》中，有群巫所從上下的「登葆山」、太帝所居的「崑崙之丘」和眾帝所自上下的「建木」、「肇山」，顓頊所維持的正是這些登天之途為神所專用，那麼他自己這位「其佐玄冥，執權而治冬」的北方水帝（《淮南子・天文訓》）也就是當然的最大的巫——正由他開始，中國神話時代進入了又一個新的階段，即神性角色的巫的成分逐漸加重，從而改變了以往神話角色高居於天庭的局面。在顓頊身上，神性愈來愈淡，以巫為表徵的人性成分日益濃重。

帝嚳的神性業績與顓頊大同小異。《大戴禮・五帝德》中的高陽帝「乘龍而至四海」，同書中的高辛氏則「春夏乘龍」；《左傳・文公十八年》中，高陽帝「有才子八人」，其天下謂之「八愷」，高辛氏同樣有才子八人，其天下謂之「八元」。所不同者在於「共工氏作亂，帝嚳使重、黎誅之而不盡，帝乃以庚寅日誅重黎」（《史記・楚世家》）。《事物紀原》卷二引《通曆》：「帝嚳平共工之亂，作韶、鼓、控、楬、塤、篪。」《竹書紀年》沈注：「（帝嚳）使鼓人拊鞞鼓，擊鐘磬，鳳凰鼓翼而舞。」由此可見，帝嚳對顓頊的繼承在神話中異常自然。他們的神性角色日益淡化，為巫或為人所替代，這不僅由於他們共同接受了絕地天通的文化背景，而且在關於他們後代的描述中，他們的身影不再像他們的前輩那樣保持著輝煌的神性。他們的子孫既有「八愷」、「八元」，更有許多不祥的後代，使人愈來愈失去心中的景仰之情。如《論衡・解除》：「昔顓頊氏有三子，生而皆亡。一居江水為瘧鬼，一居若水為魍魎，一居歐隅之間主疫病人。」《後漢書・禮儀志中》注引《漢舊儀》：「顓頊氏有三子，生而亡去為疫鬼。一居江水，是為虎，一居若水，是為罔兩蜮鬼，一居人宮室區隅漚庾，善驚人小兒。」[7]《左傳・昭西元年》：「昔高辛氏有二子，伯

7 《左傳・文公十八年》中也有顓頊「不才子」檮杌的傳說，《神異經・西荒經》中的不才子名更多，如

曰閼伯，季曰實沈，居於曠林，不相能也，日尋干戈，以相征討。後帝不臧，遷閼伯于商丘，主辰，商人是因，故辰為商星；遷實沈于大夏，主參，唐人是因；以服事夏、商。」這些人、鬼之變的神話傳說，具體體現出的對人、神之變的文化替代，應該意味著巫作為神話中的文化主體，其意義更複雜，也更豐富。神話傳說故事形態的世俗化以此為契機，迅速地向後世的各種神話系統蔓延開去。

在神話傳說的流傳和分布上，一方面可以看到高辛氏在南方少數民族中廣受崇拜，另一方面則是在北方濮陽一帶，在傳說中的附禺之山，顓頊與帝嚳漸漸合為二帝，成為民間記憶中的述說對象。顓頊的神性角色除了在屈原的詩篇中展現，此外則越來越暗淡，濮陽、內黃二帝陵的香火也越來越讓人迷惘。

柒、堯舜時代

堯舜時代是中國古典神話中的理想政治時代，它很自然地使人想起「致君堯舜上，再使風俗淳」的詩句，幾乎是所有文士都把這個時代看作其評判時政的理想模式。顯然，堯舜時代的文化精神即神話意蘊，自先秦時代至今，一直是人們對政治理想嚮往的最重要的述說方式。特別是其中的

「檮杌」，一名傲狠，一名難馴。

禪讓，構成了堯舜神話的實質內容，從而也成為千古文人投身政治所期待的明君標準，化作「學而優則仕」以濟天下的情結。在民間百姓的視野中，堯舜不但是賢明的君主，而且是橫貫人寰的道德和人格理想的典範；「人皆可成堯舜」成為理想社會人人自律、修身養性的崇高境界。與此前神話發生背景的不同之處，是堯舜神話在春秋時期為儒墨文士所盛傳。如《墨子》中稱讚「堯舜禹湯文武之道」，《孟子》、《論語》等典籍也稱讚「堯、舜、禹、湯、文王」，《戰國策・趙策》把堯、舜二人列於五帝之中，《管子・封禪篇》把堯、舜列為「封泰山、禪梁父」中七十二家中的二家。《呂氏春秋・古樂篇》所列帝王十三家，其中也有堯與舜。在他們的渲染下，堯舜神話幾乎成為理想政治時代的代名詞；在神話的流傳中，堯舜不但在政治上相承接而形成一體，而且有著血緣上的聯繫，甚至葬在一處，共同受到後人敬祀。如《易・繫辭》：「神農氏沒，黃帝堯舜氏作，通其變，使民不倦，神而化之，使民宜之。」《史記・秦始皇本紀》中提到「堯女，舜之妻」。《列女傳》：「有虞二妃者，帝堯之二女也，長娥皇，次女英。」《山海經・大荒南經》：「帝堯、帝嚳、帝舜葬于嶽山，舜有文貝、離俞、久、鷹、延維、視肉、熊、羆、虎、豹；朱木，赤枝，青華，玄實。」堯舜時代是中國神話繼黃帝、顓頊和帝嚳之後神話特色尤為卓然的一個時代，在以禪讓為表徵的文化背景下，具有民主色彩的古典理想政治在神話傳說中得到熱情的頌揚，光照千秋，對於中華民族文化性格的生成、培養和發展，有著不同尋常的意義。特別在神話傳說中，堯和舜不僅是為天下民眾的安康而奔走的不辭勞苦的帝王或領袖，而且是令人欽佩的文化英雄；愛情神話在這裡第一次被淋漓地展現，成為中國神話時代難得的情歌。

毋庸贅述，堯和舜在血緣上與黃帝都有著直接的關係[8]，而作為一個新神話時代，他們各自呈現出不同的神性業績。

《史記・五帝本紀》載「帝堯為陶唐」，又提到帝堯以唐為號。《世本》：「帝堯為陶唐氏。」《左傳・哀公六年》：「惟彼陶唐，帥彼天常，有此冀方。」《說文》：「堯者，高電，從垚，在兀上，高遠也。」顏師古說：「陶丘有堯城，堯嘗居之，後居於唐，故堯號陶唐氏。」《國語・晉語》：「昔句之祖，白虞以上為陶唐氏。」顯然，堯是與以土為圖騰的文化密切相關的。人們在描述黃帝的圖騰時曾提到「中央，土也」，從這裡可以看到堯與黃帝在圖騰上的相近或一致。堯的活動範圍，從《左傳》、《國語》、《漢書》和《詩譜》等文獻來看，主要分布在黃河中下游地區，如山西、河南、山東一帶，與黃帝大致相當，特別是山西省的汾水流域，堯在民間信仰中地位甚高。《濤譜》：「唐者帝堯舊都，今日太原晉陽，是堯始居此，後乃遷河東平陽。」《魏土地記》：「平陽城東十里，汾水東原有小台，台上有堯神屋石碑。」《括地志》：「故堯城在濮州鄄城縣東北十五里。」在黃河中下游地區，迄今仍密集地分布著堯廟等神話傳說中的「文化遺址」，這絕不是偶然的現象。但並不能以此便斷定堯是陶的製造開創者，因為神話是民間記憶，而記憶僅是對歷史的追述及一定地域某種情緒的表達，這樣講也絲毫不影響堯作為文化英雄的地位。

8 從《大戴禮・帝系篇》中可以看到，堯生於放勳，再生於帝嚳，而帝嚳出自蟜極，源于玄囂一系。帝舜生於瞽叟，源於窮蟬，窮蟬小白顓頊，顓頊出自昌意一系。堯與舜皆出自黃帝，分為兩系。

有舉賢禪讓這一件業績，堯的神話就已經流傳不息了。如《墨子・尚賢中》說：「古者舜耕曆山陶河瀕，漁雷澤；堯得之服澤之陽，舉以為天子，與接天下之政，治天下之民。」在今天，堯的神話嬗變為《堯王訪賢》之類的民間戲曲或傳說，成為帝堯神話的主要內容。在禪讓神話的輝映下，堯的業績還有許多，構成塑造其成為文化英雄的重要內容。如《春秋緯・文耀鉤》：「唐堯即位，羲和象儀。」儀即渾天儀。民間傳說把渾天儀的創制追溯至遠古神話時代，附會在堯的身上。其他還有「曆象日月，陳剮考功」等業績，其意義與實質是同樣的。《易緯・干鑿度（佚文）》：「堯以甲子天元為推逑。」《尚書緯・中候》：「陶唐氏尚白，以十二月為正，薦玉以白繒。」《禮緯・稽命征》：「唐虞五廟，親廟四，始祖廟一。」《尚書緯・璿璣鈐》：「帝堯炳煥，隆興可觀，曰載，曰車，曰軒，曰冠，曰冕。作此車服以賜有功。」[9]堯的時代在神話傳說中一片祥和，孔子感歎道：「唯天為大，唯堯則之。」這一方面是對堯的神話業績及堯的人格、道德力量的讚揚，一方面是對堯的時代的嚮往。《逑異記・卷上》：「堯為仁君，一日十瑞。」十瑞乃「宮中芻化為禾，鳳凰止於庭，神龍見於宮沼，曆草生階，宮禽五色，鳥化百神，木生蓮，蓮莆生廚，景星耀于天，甘露降於地」。《博物志・異草木》說得更神：「堯時有屈佚草生於庭，佞人人朝，則屈而指之。」《繹史》卷九引《田俅子》：「堯為天子，冥莢生於庭，為帝成曆。」而這一切無疑都是為

9 《路史・後紀十》中有堯製弈棋等神話傳說，與其他神話時代相比，禪比成為文化主題，這些神話則明顯處於弱勢。

了襯托堯時的政治清明。在堯的時代，夔、皋陶等一批能臣，或「擊石拊石，百獸率舞」（《尚書・堯典》），或「決獄明白，察於人情」（《白虎通・聖人》）。《論衡・是應篇》：「觟觽者，一角之羊也，性知有罪。皋陶治獄，其罪疑者，令羊觸之，有罪則觸，無罪則不觸。故皋陶敬羊，起坐事之。」《說苑・君道》：「當堯之時，舜為司徒，契為司馬，禹為司空，后稷為田疇，夔為樂正，倕為工師，伯夷為秩宗，皋陶為大理。」幾乎所有的能臣都聚集在堯的麾下，形成堯時代政治清明的盛景。

然而，這並不是堯神話時代的全部內容。在神話傳說中，堯時曾有洪水，曾有大旱，曾有戰爭，這說明在禪讓政治的背後，同樣包含、隱藏著無數的血腥。《韓非子・外儲》說：「（堯）舉兵而誅共工於幽州之都。」《逸周書・史記解》：「久空重位者危。昔有共工自賢，自以無臣，久空大官，下宮交亂，民無所附，唐氏伐之，共工以亡。」最著名的《淮南子・本經訓》中有堯使羿的一段：「逮至堯之時，十日並出，焦禾稼，殺草木，而民無所食。猰貐、鑿齒、九嬰、大風、封稀、修蛇皆為民害。堯乃使羿誅鑿齒于疇華之野，殺九嬰于凶水之上，繳大風於青丘之澤，上射十日而下殺猰輸，斷修蛇於洞庭，禽封稀于桑林。」應該說，「為民害」者輩都是與堯相抗衡的部落，待戰爭平息後，始有「萬民皆喜，置堯以為天子」的局面。堯的形象在這裡和黃帝平蚩尤當是同樣的，然而，為文獻典籍所推重的卻不是這些，而是帝堯統治下的繁榮和太平[10]。所幸的是，在

10 在神話傳說中，還有堯誅丹朱等內容，其實丹朱並非堯子，當是其他部落首領。後人為推崇堯讓賢不讓

民間流傳的神話傳說中更多的是這些內容，表現出堯受人民大眾喜愛和擁戴的最珍貴的民族情結。也就是說，堯神話的流傳被割裂在三種層面之中：一是上層統治者自比於堯的知人善任，以堯時的鶯歌鳳舞來掩飾自己的內荏；一是中間層的知識分子·他們期待著自己被重用以施展抱負，因而常把堯比作當政者，甚至一廂情願地吟誦著自己所編造的諂媚之辭；一是下層民眾，他們借堯的神話來謳歌自己心中的審美理想，激勵自己為美好的未來而奮鬥，堯也因而千百年來一直為千千萬萬的民眾所喜愛和嚮往。所以，《尚書緯·中候》中所說的「堯即政七十載，景雲出翼，鳳凰止庭，朱草生郊，甘露潤澤，醴泉出山，榮光出河，休氣四塞」，與《春秋緯·合誠圖》中所說的「出觀河之首，常若有神隨之者……赤帝起誠天下寶」相合成一幅神人政治的圖畫，在流傳中同作為民間保護神的「堯王」傳說並行不悖。

堯舜一體。聯結堯與舜成一體的神話內容，是一再述說的禪讓主題。在《尚書緯·中候》中，有「堯即政七十年，仲月甲日至於稷，沉璧於河。青雲起，回風搖落，龍馬銜甲，赤文綠色，自河而出，臨壇而止，吐甲迴滯」之類的描寫，與黃帝時「河圖洛書」故事如同出一轍，其時「堯德清平，比靈斯伏羲」，「萬民和樂」。《龍魚河圖》稱：「堯時與群臣賢智到翠嬀之淵，大龜負圖出授堯。堯敕臣下寫取吉瑞，寫畢，龜還水中。」待堯得舜「舉以為天子」時，文獻上出現兩種景觀：一種是《山海經·海外南經》郭璞注：「昔堯以天下讓舜，三苗之君非之，帝殺之。有苗之民

子，才附會成「堯取散宜氏之子……生丹朱」（《世本》張澍 集補注本）。

叛人南海，為三苗國。」另一種是《黃氏逸書考》中的《尚書緯・中候》[11]所載：「堯歸功於舜，將以天下禪之，乃結齋修壇於河洛之間。擇良日，率舜等升首山，遵河渚，有五老游焉，蓋五星之精也，相謂曰：『河圖將來告帝以期，知我者重瞳黃姚。』五老因飛為流星上入昴。」（《論語比考》中又加上「赤龍銜玉苞，舒圖刻版，題命可卷，金泥玉檢，封盛書威」，和堯所感歎的「咨汝舜，天之歷數在汝躬，允執其中，四海困窮，天祿永終」等內容）這兩種景觀的出現，寧信前一種。因為後一種類似的情況太多，而前一種表明所謂的禪讓絕不是輕而易舉的，戰爭在堯的時代從來都沒有消失過。後人還把這種禪讓神話加上堯曾讓位於許由，而許由逃入箕山穎水洗耳的內容（《高士傳》）。《孟子・萬章上》中又強調「天命」，他說：「舜相堯二十有八載，非人之所能為也，天也。堯崩，三年之喪畢，舜避堯之子于南河之南；天下諸侯朝覲者不之堯之子而之舜，訟獄者不之堯之子而之舜，謳歌者不謳歌堯之子而謳歌舜。故曰天也。夫然後之中國，踐天子位焉。」這同樣是在為堯和舜做掩飾。其實，這裡面所隱沒的內容還有很多，禪讓的禮壇絕不會如此風平浪靜。舜的強大表明，政柄必須歸於「龍顏重瞳」[12]的舜才能懾服天下。

舜作為堯的繼位者，並沒有使自己淹沒在堯的光輝之中。他以賢能和寬容成為古典政治理想的楷模，並作為道德、人格的典範贏得了廣泛尊敬。舜與堯政治利益上的一致，使舜成為堯帝

11 此《重修緯書集成》本不見錄。

12 此見之于《孝經緯・援神契》。

位的候選人，而更重要的還是舜在政治鬥爭中有力地幫助堯鞏固了帝位，這見於《史記・五帝本紀》中「舜歸而言於帝」的一段：「（舜）請流共工於幽陵，以變北狄；放驩兜於崇山，以變南蠻；遷三苗于三危，以變西戎；殛鯀於羽山，以變東夷。」但僅此還不夠，還不足以保證舜繼承或替代堯，更重要的還是舜作為部落英雄的出眾的膽識、能力和品格所贏得的廣泛擁戴。這首先表現在他耕於曆山的與象相處的生活。《史記・五帝本紀》：「舜耕曆山，曆山之人皆讓畔；漁雷澤，雷澤之人皆讓居；陶河濱，河濱器皆不苦窳。一年而所居成聚，二年成邑，三年成都。」相關的材料是同書的另一類內容：「舜父瞽叟盲，而舜母死，瞽叟更娶妻而生象，象傲。瞽叟愛後妻子，常欲殺舜。」對這兩條材料進行聯繫或詮釋的記載在文獻中很難找到，而在民間流傳的神話中，卻講述了舜耕曆山的工具是象。神話傳說能否證明古代歷史文化階段，這是一個難題。但是，神話傳說並不是無端發生的；現在考古、地質勘查等活動，卻屢屢證明這些神話傳說與某種自然現象相吻合。或曰，民間神話的保存，是使古典神話得以修復或還原的關鍵。舜所耕的曆山在今黃河、長江的中下游，從考古材料來看，這一帶確實有許多象群出現。一九八五年春天，筆者在河南省西華縣思都崗考察女媧城，親眼目睹了地方百姓在河渠溝底掘出的一些數米長的巨型象牙。在舜的活動範圍內，象應該是一支能與他相抗衡的巨大部族力量，而舜堅決地制服了這支力量，保證了這一地區的基本穩定。這種情況在神話史上是一種普遍現象，即象作為部族的圖騰，他們與舜部族的鬥爭被「瞽叟愛後妻子，常欲殺舜」所掩蓋。尤其是這種現象被後人的教化功利所運用，神話的色彩就更加黯淡了。「舜姓虞」（《潛夫論・志氏姓》），而「虞」義在於

「即鹿無虞[13]，惟入于林中」（《易・屯》），意即為獵。《論衡・偶會》：「舜葬蒼梧，象為之耕。」《墨子》中也有同樣記載。《帝王世紀》：「舜葬蒼梧九嶷山之陽，是為零陵，謂之紀市，在今營道下，有群象為之耕。」長期以來，唯理學說極大地限制了我們對古代神話的理解，這就是我們迄今仍有許多人僅僅把象理解某個人的根源。這裡的「群象」才是揭開謎底的重要內容，卻只在民間神話中一再顯現，為文人士大夫們所忽視。《楚辭・天問》洪興祖補注時說「舜德足以服象」，就是把象作為人來理解的。其實，我們翻閱《史記・五帝本紀・正義》所引《括地志》，即可明白此意：「鼻神亭，在營道縣北六十里。故老傳雲，舜葬九嶷，象來至此。後人立祠，名鼻神亭。」鼻神，無疑出自象的神話。

其次，在有關舜的神話中，諸神的愛情第一次得到自然地張揚，這就是舜與堯之二女娥皇、女英的情愛。《列女傳・有虞二妃》：「有虞二妃，帝堯二女也，長娥皇，次女英。」在近世尤其是當代，使這一神話更為遠播的是毛澤東的詩句中所化用的「斑竹淚」。《山海經・中山經》：「（洞庭之山）帝之二女居之，是常游于江淵。澧、沅之風，交瀟湘之淵，是在九江之間，出入必以飄風暴雨。」有人說自秦、漢起，湘君、湘夫人的神話演變成了舜與娥皇、女英的神話傳說[14]，我以為未必，二者各有一方天地而已。舜與二女的愛情故事，是舜神話的組成部分，雖然文獻中

13 《說文解字》稱：「虞，騶虞也，白虎黑文，尾長於身。」

14 劉城淮：《中國上古神話》，上海文藝出版社一九八八年版，第六五八頁。

描述較略，但內容是非常感人的，民間神話熱烈讚揚它，是很自然的現象。《述異記》：「昔舜南巡，而葬於蒼梧之野。堯之二女娥皇、女英追之不及，相與慟哭，淚下沾竹，竹文上為之斑斑然。」娥皇、女英與舜的愛情被神話的迷霧所繚繞，其感人的內容應該是相當豐富的。《史記·五帝本紀》：「舜年二十以孝聞。三十而帝堯問可用者。四岳咸薦虞舜曰可。於是堯乃以二女妻舜，以觀其內；使九男與處，以觀其外。舜居嬀油，內行彌謹。堯二女不敢以貴驕，事舜親戚，甚有婦道。堯九男皆益篤……堯乃賜舜絺衣與琴，為築倉廩，予牛羊。」由此可知，堯之二女與舜的結合絕不是平平淡淡地相互廝守；描述舜與二女歷經患難的是《楚辭·天問》洪興祖補引的《列女傳》所記：「瞽叟與象謀殺舜，使塗廩。舜告二女，二女曰：時惟其戕汝，時惟其焚汝。鵲如汝裳，衣鳥工往。舜既治廩，戕旋階，瞽叟焚廩，舜往飛。復使浚井，舜告二女，二女曰：『時亦惟其戕汝，時其掩汝！汝去裳，衣龍工往。』舜往浚井，格其人出，從掩，舜潛出。」在《孟子·萬章上》和《史記·五帝本紀》中有類似的情節，卻無「舜告二女」而得到二女幫助的內容。舜與二女的情誼，應該是在這樣的環境中不斷昇華的，這才會有斑竹淚的感人故事。《列女傳·有虞二妃》：「瞽叟又速舜飲酒，醉，將殺之。二女乃與舜藥浴汪，遂往，舜終日飲酒不醉。舜之女弟轂手憐之，與二嫂諧。」去掉最後一句，可見二女時刻都在關愛舜，不斷助其度過難關。在《山海經·海內北經》中，舜的妻子變成了「登比氏」，有「二女之靈能照此所方百里」，我以為這是同一神話的演繹或另一種述說方式。總之，舜與娥皇、女英的愛情被頌揚表現，這在神話時代的發展中是一個了不起的飛躍。因為此前的神話系統中雖然也有夫妻一類的內容，諸如伏羲兄妹、黃帝妻嫘祖等，但都沒有這種有關愛情的表述。伏羲與女媧結合時，還要議婚、驗婚，掩面而交；黃帝妻嫘祖，也僅僅是得到一位能紡織錦繡的巧工女神，像娥皇、女英這樣揮淚斑竹以念帝舜的神話，在中國神話時代確實是第一次出現。

舜作為神話中的文化英雄，不僅以寬容即後人所理解的孝而聞名，還以文明的創造而著稱。如《呂氏春秋·古樂篇》：「舜立，命延乃拌瞽叟之所為瑟，益之八弦，以為二十三弦之瑟。帝舜乃令質修《九招》、《六列》、《六英》，以明帝德。」又如《繹史》卷十所引《屍子》：「帝舜彈五弦之琴，以歌《南風》。其詩曰：南風之熏兮，可以解吾民之慍兮；南風之時兮，可以阜吾民之財兮。」這使人聯想起《山海經》中提到的深淵中有舜幼時所棄琴瑟的故事，可見舜時代的文化創造與其他神話時代一樣，同樣是燦爛輝煌的。《尚書緯·中候》中渲染這種內容，我們可窺其一斑：「（舜）在位十有四年，奏鍾石笙莞，未罷而天大雷雨，疾風，發屋伐木，桴鼓播地，鍾磬亂行，舞人頓伏，樂正狂走。舜乃搏衡而笑曰：『明哉，天下非一人之天下也，亦乃見於鍾石笙莞乎！』乃薦禹於天，行天子事……百工相和而歌慶雲，帝乃倡之曰：『慶雲爛兮，糺縵縵兮；日月光華，旦復旦兮。』群臣咸進稽首曰：『明明上天，爛然星陳；日月光華，弘予一人。』帝乃載歌曰：『日月有常，星辰有行；四時從經，百姓允減。于予論樂，配天之靈；遷于聖賢，莫不咸聽。』……舜乃設壇於河，如堯所行，至於下稷，容光休至，黃龍龜圖，長三十二尺，置於壇畔，赤文綠錯，其文曰：禪于夏後，天下康昌。」舜在歌舞昇平中走上神壇，又親手把禹推向神權的寶座，從而使中國神話時代走進一個新的階段。誠然，在這種歌舞昇平的世界背後，同樣包藏著部族間激戰的硝煙，如《尚書・堯典》中的「（舜）流共工於幽州」即一例。

值得我們注意的是，舜神話在流傳中融入了更多的「後母型故事」，消解了神性的張揚和恣肆；特別是把象這一圖騰族徽淡化為普通人，使舜神話漸漸蛻變為歷史傳說，堯的神話也存在著同類現象，這是神話世俗化的普遍性表現。事實上，在堯舜神話中，禪讓的文化主題並非原型，其為後世附加的痕跡更多。這使我們看到，自黃帝時代之後，巫成為顓頊和譽的神話主題，它和禪讓成為堯舜神話的主題一樣，神性色彩愈來愈淡，可見神話時代正日益走向歷史化、世俗化。所以，待禹的時代來臨時，這種趨勢幾乎達到了極致，禹時代的結束，也就是神話時代的終結；湯的出現，成為歷史明朗化的標誌。也就是說，當堯舜神話的主題從部族間的爭鬥和愛情的頌揚為孝所替代轉換時，中國神話時代就基本上完成了述說歷史的任務，而轉向了對先秦諸子的「道」的闡釋性表達。這也正是中國古典神話的基本走向，是神話時代在人文與民間雙重話語述說中所體現的重要特色。

捌、大禹時代

大禹時代是中國神話時代最後的強音。它以治水為中心內容，標誌著中國神話自此走向消亡，代之而起的是歷史傳說。其中還有一個非常重要的因素，那就是當文明進入商周階段時，卜辭和銘文成為史跡的證明。因此，也就有許多學者據此而把商周之前的歷史整個稱為中國歷史的傳說時代，或稱口傳時代。自大禹神話在這個時代的末尾登台亮相，就意味著中國神話時代的消解。而且我們可以看到，在大禹時代，幾乎聚攏了中國神話中所有的母題，

大禹神話在某種意義上講，成了中國神話類型的集大成。特別是禹與堯舜在政治禪讓上成為一個神話連體，在神話性質上標誌著禪讓時代的徹底結束——夏王朝的覆滅，形成遠古人民最後的神話記憶。

大禹是黃帝的子孫，《山海經・海內經》說：「黃帝生駱明，駱明生白馬，白馬是為鯀。」《世本》中說：「黃帝生昌意，昌意生顓頊，顓頊生鯀。」無論如何說都離不開黃帝之後鯀生的血緣主題，那麼，鯀腹生禹，禹當然是黃帝的後代，在原始信仰圖騰崇拜中，禹化為熊等現象也就是自然而然的事情了。但還能看到，這種血緣的承繼並不是簡單的薪火傳遞，而是在大禹神話系統的形成中本身就融注入許多黃帝之外的神性氏族的神話內容。如《尚書・帝命驗》中說：「禹身長九尺有餘，虎鼻、河目、駢齒、鳥喙、耳三漏。」我們若用今天的文化人類學理論來理解這種現象，那就可以看到在禹的體質構成上是有著多種血緣的痕跡的。也就是說，禹的神話背景有兩種具體表現內容，一是洪水，一是鯀神性集團。洪水神話不獨在大禹時代出現，如《太平御覽》卷八八八引《蜀王本紀》說到「時玉山大水，若堯之洪水」，顯然，堯時大水同樣是原始先民異常深刻的記憶。問題在於鯀、禹之前洪水雖然存在，甚至也很嚴重，但都未能成為引發時代變遷的重大契機，而在鯀禹集團登場時，洪水成為一種特殊的生活背景，它意味著其中存在著非常複雜而激烈的各神性集團之間的拼殺，儘管後世有許多人力圖用禪讓來掩蓋這些神話內容。《吳越春秋・越

王無余外傳》中說鯀「家於西羌」，就是這種內容的具體表現，成為理解緣何出現鯀為天帝所殺的重要依據。作為禹的父輩，鯀曾經是一位傑出的神性英雄，如《墨子・尚賢》中說「昔者伯鯀，帝之元子」，作者極力地把鯀拉在「帝」的麾下，以便更自然地張揚鯀的神性業績。《世本》中有「鯀作耒耜」、「鯀服牛」、「鯀作城廓」等片斷，可以看到這種創造的輝煌——對農耕文明的重要貢獻和對城廓建造的傑出作用。其他還有《楚辭・天問》中提到的「咸播秬黍，莆雚是營」等內容。《尚書・洪範》和《國語・魯語上》中都提到「鯀障（堙）洪水」，《山海經・海內經》郭璞注引《歸藏》說得頗為詳細：「滔滔洪水，無所止極，伯鯀乃以息石、息壤以填洪水。」《楚辭・天問》中有「鴟龜曳銜，鯀何聽焉」之句，透露出鴟、龜幫助鯀治理洪水的無比壯美的場面。《尚書・堯典》中有一段內容對此描繪得更詳細也更生動：「帝曰：『咨，四嶽！湯湯洪水方割，蕩蕩懷山襄陵，浩浩滔天。下民其咨，有能俾乂？』僉曰：『于，鯀哉！』」應該說，從許多材料中可以看到，在治理洪水的事業中，鯀不但成功過，而且曾因此做出了更大的貢獻。如《山海經・海內經》中講到「鯀是始布土，均定九州」，《初學記》卷二四引《吳越春秋》說到「鯀曰：『帝遭天災，厥黎不康。』乃築城建廓，以為固國」。《楚辭・九章・惜誦》說他「婞直而不豫」。在《路史・後紀十二》羅泌、羅苹注解神話時，提到黎陽、安陽一帶有鯀治洪水留下的「鯀堤」[15]，甚至說「古長城即堯遭洪水命鯀築之者」。所以，劉獻庭在《廣陽雜記》中感歎道：「鯀之功德遠

15 羅泌《路史・後紀十二》稱：「鯀障水，故有鯀堤，在相（州）之安陽縣。鯀築之以捍孟門，今謂三兩城。」

矣！」這樣，圍繞著鯀之死，在古代典籍中就展開了不同的述說，從而構成神話悲劇的具體描述。《尚書・洪範》記述曰：「鯀堙洪水，汨陳其五行。帝乃震怒，不畀洪範九疇，彝倫攸斁。鯀則殛死。」《國語・周語下》記述曰：「其在有虞，有崇伯鯀，播其淫心，稱遂共工之過。堯用殛之於羽山。」《墨子・尚賢中》記述曰：「廢帝之德庸，既乃刑之於羽之郊，乃熱照無有及也。」《淮南子・原道訓》記述曰：「昔者夏鯀作三仞之城，諸侯背之，海外有狡心。」《呂氏春秋・恃君覽・行論》中說得更清楚：「堯以天下讓舜，鯀為諸侯，怒于堯曰：『得天之道者為帝，得地之道者為三公。今我得地之道而不以我為三公！』以堯為失論，欲得三公，怒甚猛獸，欲以為亂，比獸之角能以為城，舉其尾能以為旌。召之不來，仿佯於野，以患帝舜。於是，殛之於羽山，付之以吳刀。」所有的證據都反映了鯀對帝堯集團的蔑視，因而堯才「殛之於羽山」。但是，這些證據無疑都是異常空乏的。屈原曾經為鯀被殛的悲劇命運而憤怒吶喊：「順欲成功，帝何刑焉！」（《楚辭・天問》）《尚書，堯典》中說鯀治水「九載」而「績用弗成」；《國語・晉語》中說「昔者鯀違帝命，殛之於羽山。化為黃熊，以入於羽淵」，「舜之刑也殛鯀」；《左傳・昭公七年》說「昔堯殛鯀於羽山，其神化為黃熊，以入羽淵」；《山海經・海內經》說「洪水滔天，鯀竊帝之息壤以堙洪水，不待帝命。帝令祝融殺鯀於羽郊。鯀復生禹。帝乃命禹卒布土以定九州」。從這些紛紜的述說中可以看到兩方面的內容，一是鯀不待帝命而被殛，一是化為黃熊「入於羽淵」，為「羽淵之神」。對此作出回答的是禹，他在後來治水事業成功後，把一切微辭都掃蕩在鯀禹神性業績之外，這就是文獻中一再強調的「鯀復生禹」。而事實上不獨在於他生了禹，在尤為豐富的民間文化中，鯀就相當普遍地受到世人的尊敬。如《路史・後紀十二》羅注云：「有淵，水常清，牛羊不敢飲，曰羽淵。淵上多細柳，鳥獸不敢踐。」《太平御覽》卷四二所引《郡國志》中也提到類似內容，《述異記》中提到浙江會稽人祭禹時不用「黃熊」，《拾遺記》中提到民間百姓對鯀「四時以致祭祀」，《國語・魯語上》提到夏後氏「郊鯀而宗禹」，《左傳・昭公七年》中則載其「實為夏郊，三代祀之」。應該說，在民間信仰世界中，鯀的面目才是更為真實的。《歸藏・啟筮》中說「鯀死三歲不腐」，為吳刀所剖，「化為黃龍」，「是用出禹」。禹在《說文》中被釋作「蟲」，聞一多考證這種現象時說，蟲即龍，禹即龍[16]。禹使自己的父親所蒙的「冤」得到了昭雪，依靠自己的實力戰勝了大大小小的敵對力量。

《論衡》、《吳越春秋》、《史記・夏本紀》和《世本》等文獻中，都提到禹出於「西羌」，《太平御覽》卷八二引《帝王世紀》中說禹「長於西羌，夷人」，《晉書・地道記》還提到隴西有紀念「禹所出」的「禹廟」，也有文獻提到大禹生於「東夷」。無論如何，禹是夷人的身份表明，夏王朝的建立同樣經歷了無數的腥風血雨，之後才有神性的光輝普照大地，所以《詩經・長發》、《詩經・文王有聲》和《詩經・信南山》等篇章都熱烈地頌揚這個王朝的勝利。這不僅是出自西羌的夷人憑藉實力對中原部落的勝利，而且是中華民族大交流、大融合、大凝聚的勝利。千百年來，中華民族以大禹的品德作為教育子孫的楷模，崇尚智慧、勇敢和無私。大禹神話的流傳過程，事實

[16] 聞一多：《聞一多全集》第一卷，三聯書店一九八二年版，第五十二頁。

上就是中華民族大發展的過程——大禹的神性英雄形象就是在世世代代神話傳說的講述中構成的民族美德和品格的光輝典型。

禹出生在哪裡並不重要，重要的是作為神性英雄的禹所具有的功績，他以他的具體活動為中國神話時代構成又一生動的篇章。總體看來，禹神話的核心內容可分為三個方面，一是對江河湖海的浚導、挖鑿，其中包括對一些水怪的鎮除，這是禹神話的主體；二是禹與塗山氏的聯繫，包含著桑林之會即野合、狂歡等內容；三是禹鑄九鼎、伐三苗、治理世界，呈現出夏王朝最燦爛的神性光輝。治水，是大禹神話的主要內容，但不是唯一的內容。

大禹治理洪水，充滿著艱辛。《尚書・禹貢》中記述得最為詳細。《史記・河渠書》說：「然河災衍溢，害中國也尤甚，唯是為務，故道河自積石，歷龍門，南到華陰，東下砥柱，及孟津、洛汭，至於大伾。於是，禹以為河所從來者高，水湍悍，難以行平地，數為敗。乃厮二渠以引其河，北載之高地，過降水，至於大陸，播為九河，同為逆河，以人渤海。」神州大地，到處都有禹的足跡。《莊子・天下》說：「昔者禹之堙洪水，決江河，而通四夷九州也，名川三百，支川三千，小者無數。」「禹親操橐耜，而九雜天下之川，腓無跋，脛無毛，沐甚雨，櫛疾風，置萬國。」《吳越春秋・越王無余外傳》說他「傷父功不成」，而「循江訴河，盡濟甄淮。乃勞身焦思，七年聞樂不聽，過門不入，冠掛不顧，履遺不躡」。《新書・修政語上》說：「禹嘗晝不暇食，夜不暇寢矣，方是時也，憂務故也。」大禹制服了洪水，「萬民皆寧性」（《淮南子・本經訓》），「自生民以來，未之有也！」（《通鑑外紀》卷二）人們稱讚道：「美哉禹功，明德遠矣！微禹，吾其魚乎！」（《左傳・昭西元年》）當然，在他的周圍聚攏著無數傑出的治水英雄，才使得他的治水事業如此成功。如《吳越春秋・越王無余外傳》稱：「（禹）遂巡行四瀆，與益、夔共謀。行至名山大川，召其神而問之山川脈理、金玉所有、鳥獸昆蟲之類，及八方之民俗、殊國異域、土地里數。」同樣，治水事業並非一蹴而就，個中的艱苦卓絕除了他的「禹步」「足無爪，脛無毛，生偏枯之疾，步不能過」（《屍子・廣澤》）外，更為險惡的是他同敵對力量的爭鬥和搏殺。首先是治水神話中大禹與共工集團的正面交往。《論衡・吉驗》說：「洪水滔天，蛇龍為害，堯使禹治水，驅蛇龍，水始東流，蛇龍潛處。」可見禹治水是「奉帝命」，這是為其名正言順而設置背景。洪水在禹之前曾多次為患，至禹時更為嚴重，如先秦諸子的著作《墨子・七患》引《夏書》所云「七年」，《莊子・秋水》所云「十年九潦」，《管子・山權數》所云「五年水」。《孟子・滕文公上》：「洪水橫流，氾濫於天下，草木暢茂，禽獸繁殖，五穀不登，禽獸逼人，獸蹄鳥跡之道交於中國。」洪水為害甚重，但洪水為何而生這一神話中的重要內容，孟子並沒有揭示，揭示這一關鍵性內容的是《淮南子・本經訓》：「共工振滔洪水，以薄空桑。龍門未開，呂梁未發，江海通流，四海溟涬，民皆上丘陵，赴樹木。」可見洪水之害來自共工，或來自共工集團，包括共工之臣在內。《山海經・大荒西經》載「西北海之外」，「有禹攻共工國山」，隱約顯示出這些內容。《神異經・西北荒經》載：「西北荒有人焉，人面，朱髮，蛇身，人手足，而食五穀，禽獸愚頑，名曰共工。」《山海經・大荒北經》載：「共工之臣名相繇，九首，蛇身，自環，食於九土。其所歍所尼，即為源澤，不辛乃苦，百獸莫能處。」在《山海經・海外北經》中所述的「相柳氏」，其情況與此大致一樣，只不過換了一句「相柳氏之所抵，厥為澤溪」。《荀子・成相》說：「禹有功，抑下鴻，辟除民害逐共工。」《山海經・大荒北經》曰：「禹湮洪水，殺相繇；其血腥臭，不可生穀，其地多水，不可居也。禹湮之，三仞三沮，乃以為池。群帝因是以為台。在崑崙之北，有嶽之山，尋竹生焉。」誅殺共工之族不單單是為了平息洪水，在這裡也就不言而喻了。

獲拿無支祁是大禹治水神話的另一重要內容。

《太平廣記》卷四六七引《戎幕閒談・李湯》所載：「禹理水，三至桐柏山，驚風走雷，石號木鳴，土伯擁川，天老肅兵，功不能興。禹怒，召集百靈，授令夔龍。桐柏等山君長稽首請命。禹因囚鴻蒙氏、商章氏、兜盧氏、犁婁氏，乃獲淮、渦水神，（其）名無支祁，善應對言語，辨江、淮之淺深，原濕之遠近。形若猿猴，縮鼻高額，青軀白首，金目雪牙，頸伸百尺，力逾九象，搏擊、騰踔、疾奔，輕利倏忽，聞視不可久。禹授之童律，不能制；授之烏木由，不能制；授之庚辰，能制。鴟脾、桓胡、木魅、水靈、山妖、石怪，奔號聚繞，以數千載。庚辰以戟逐去。頸鎖大索，鼻穿金鈴，徙淮陰之龜山之足下，俾淮水永安流注海也。」同書中又載：「永泰中，李湯任楚州刺史。時有漁人夜釣於龜山之下，其釣因物所致，不復出。漁者健水，疾沉于下五十丈，見大鐵鎖，盤繞山足，尋不知極，遂告（李）湯。湯命漁人及能水者數十，獲其鎖，力莫能制；加以牛五十餘頭，鎖乃振動，稍稍就岸。時無風濤，驚浪翻湧，觀者大駭。鎖之末，見一獸，狀有如白猿，白首長鬐，雪牙金爪，闖然上岸，高五丈許，蹲踞之狀若猿猴，但兩目不能開，兀若昏昧，目鼻水流如泉，涎沫腥穢，人不可近。久乃引頸欠伸，雙目忽開，光彩若電，顧視人馬，欲發狂怒，觀者奔走。」這是旁證，述說無支祁永不為水患，從中同樣可以看到禹與無支祁也不單單是能力的較量，其中包含著大量氏族部落間複雜的搏殺。這種氏族間的爭鬥主要表現在無支祁的形狀描繪上。李公佐所記李湯遇漁者見水怪之事，應當是普遍流行的具有原始色彩的神話記憶，水怪的猿猴形象的來源就是夔。韋昭注《國語》曰：「夔一足，越人謂之山繅（猱），人面猴身能言。」同類的神話傳說中也有記述為神牛的，這與遠古時代關於夔一足、牛首的神話描述相一致（如劉敬叔《異苑》卷二所載「晉康帝建元中，有漁父垂釣，得一金鎖，引鎖盡，見金牛；急挽出，牛斷，猶得鎖，長二尺」）。夔氏族的牛圖騰與蚩尤氏族的牛圖騰在信仰存在意義上是相同的，都是黃帝族的敵對方，而禹被看做黃帝的子孫，龍氏族與牛氏族的矛盾也就自然在神話傳說中表現出來。

大禹誅殺防風氏是治水神話中異常特殊的一章。

防風神話是東南地區流傳的具有特殊意義的民間文化現象。魯迅《會稽郡故事雜集》所輯《會稽記》說：「防風氏長三丈，刑者不及，乃築高塘臨之，名曰刑塘。」防風神話悲劇的具體發生是與會稽山大禹聚會群神有直接聯繫的。《越絕書・外傳記地》載：「禹始也，憂民救水，到大越，上茅山大會計，爵有德，封有功，更名茅山曰會稽。」《國語』魯語下》中記述孔子所言：「昔禹致群神於會稽之山，防風氏後至，殺而戮之，其骨節專車，此為大矣。」這裡初步揭示出禹誅殺防風氏的原因，但這並不能令人信服。難道「後至」就一定被「殺而戮之」嗎？顯然，這裡隱藏著許多未被言說的內容。一九八六年第十一期和一九九〇年第一期的《民間文學》刊登出多則關於防風氏的神話傳說，揭示出這一謎底，即禹所代表的中原部落對百越部落的殺伐、征討，才是導致防風神話悲劇最重要的原因；防風氏巨人族的被誅殺，蘊含著神話傳播中的普遍現象——在征討中獲勝者的神話總是佔據主流地位。特別是自一九八〇年代中期以來，民間文學集成工作在各地展開，與防風神話相關的材料被越來越多地發掘出來，大禹誅殺防風氏的謎底被更多地揭示、展現在世人面前。應該說，這種現象不能忽視，更不能回避；防風神話作為中國神話時代與大禹神話同時期的文化現象，值得深思。在地方傳說中[17]，有堯封防風國的情節：共工撞倒不周之山，引發洪水，不周之風造就了防風巨神；防風以青泥造山，受堯之命助鯀治水，而鯀善遊，得到防風與玄龜的幫助取到天庭青泥；青泥遇風而長，頂住上天，鯀因而為堯處死；防風造就了山和地之後，這裡被堯封為防風國。在禹訪防風的傳說中，先是有防風在天地崩陷時將自己的八十一個兄弟藏起，他造山造湖的情節；後有大禹出世，防風將大禹捧到伏羲面前，得到伏羲畫卦指教，防風率八十一兄弟跟隨大禹去治水。這裡的防風神話還有一個值得注意的情節，即禹誅殺防風之後，防風的頭頸中冒出了不盡的洪水。與孔子所答吳國使者的話語不同，防風是百越民族心目中的聖人，是創世的英雄神，這些內容應該是很合理的，至今仍在當地廣泛流傳。這使人想起《神異經·東南荒經》中關於樸父的記述：「東南隅大荒之中有樸父焉，夫婦並高千里，腹圍自輔。天初立時，使其夫妻開導百川，懶不用意。謫之並立東南，男露其勢，女露其牝；不飲不食，不畏寒暑，唯飲天露……古者初立，此人開導河，河或深或淺，或隘或塞，故禹更治，使其水不壅；天責其夫妻倚而立之。」這裡的樸父

17 此材料參見姚寶瑄：《防風神話復原》，《民間文學論壇》一九九二年第四期。

就有著防風的身影。防風神話中有兩個系統，一個是禹誅殺防風以示嚴明．威震群神，一個是防風作為東南巨人或巨人族首領，在與大禹集團的鬥爭中失利。這兩個系統的流傳表明中國神話嬗變的普遍性規律：主流文化的功能在於對秩序的維護，就極力述說、宣揚大禹的賢能、寬厚、正直；而非主流文化特別是民間文化的功能是多元的，更注重於情感的自然宣洩，因而也就更真實。在樸父身上的表現更多地傾向於後一個系統，既謳歌了大禹「使其水不壅」，又保存了防風巨人型神話的獨立意義[18]。

在以治水為表層次的話語述說方式中．大禹戰勝了諸多神怪，殺伐共工、無支祁和巨人防風，事實上都包含著部落戰爭，只不過是最終大禹集團取得了全面的勝利，神話傳說所述說的內容就成了大禹治水無比輝煌的功動。

大禹神話的第二個內容是與塗山氏之女的結合。

大禹神話中塗山氏的出現，其意義更為特殊。治水固然是大禹神話的主體性內容，而以婚姻為外表的神話內涵即氏族聯姻所表現出的神性集團的融合，同樣值得我們重視。也就是說，在塗山氏的背後，我們可以看到鯀禹集團之外尤其是以狐（九尾狐）為圖騰內容的部族對治水事業的融入。與其他神話時代相比，大禹神話中的情愛主體，其意義更為複雜。黃帝與螺祖的聯姻、舜與堯之二

18 另見《述異記》載：「今南中有姓防風氏．即其後也，皆長大。越俗祭防風之神，奏防風古樂，截竹長三尺，吹之如皞，三人披髮而舞。」

女（娥皇、女英）的聯姻，在敘述方式上都較為平淡，即使是娥皇、女英沉溺湘江、淚染斑竹，也都是對神性光輝的讚頌、鋪墊，而塗山氏就不同了，其中包含的除了部族間的聚合之外，而且還寓意著它的解體，隱喻著戰爭或其他因素在神話中的具體作用，同時，狐圖騰的顯示在神話中具有更豐富的文化內涵。《孟子・滕文公》：「禹八年於外，三過其門而不入。」《屍子》：「禹於是疏河決江，十年未闞其家。」《史記・河渠書》：「禹抑洪水十三年，過家不入門。」八年、十年、十三年，在神話中都蘊含著驚天動地的治水壯舉和艱辛，對家的割捨顯示出大禹非凡的品格。禹和塗山氏之女的結合應該有許多美麗而廣闊的空間，在神話中卻被其他內容隱沒。這首先是《吳越春秋・越王無余外傳》中所述的：「禹三十未娶，恐時之暮，失其制度，乃辭云：吾娶也，必有應矣。乃有白狐九尾，造于禹。」《呂氏春秋・季夏紀・音初》：「禹行功，見塗山之女。禹未之遇，而巡省南土。塗山氏之女乃令其妾候禹于塗山之陽。女乃作歌。歌曰：候人兮猗！實始作為南音。」《楚辭・天問》對此大加感慨道：

禹之力獻功，
降省下土四方；
焉得彼塗山女（兮），
而通之于台桑？

《吳越春秋・越王無余外傳》中提到「禹因娶塗山，謂之女嬌。娶辛、壬、癸、甲，禹行。十月，女嬌生子啟。啟生不見父，晝夕呱呱啼泣」，《水經注・涑水》中提到「禹娶塗山女，思戀本國，築台以望之」，洪興祖在注《天問》時引《呂氏春秋》中提到「禹娶塗山氏女，不以私害公。自辛至甲四日，復往治水。故江淮之俗，以辛、壬、癸、甲為嫁娶日也」等，並沒有述說情愛悲劇的內容。顏師古注《漢書・武帝紀》引古本《淮南子》時詳細述說了大禹神話的情愛悲劇：「禹治鴻水，通軒轅山，化為熊。謂塗山氏曰：欲餉，聞鼓聲乃來。禹跳石，誤中鼓。塗山氏往，見禹方作熊，慚而去。至嵩高山下，化為石，方生啟。禹曰：歸我子！石破北方而生啟。」洪興祖在《楚辭補注》中所引古本《淮南子》與此同。《繹史》卷十二所引《隋巢子》略有不同：「禹娶塗山，治鴻水，通軒轅山，化為鵻（熊）。塗山氏見之，慚而去，至嵩高山下化為石。禹曰：歸我子！石破北方而生啟。」關鍵之處在塗山氏之「慚」。若我們以人獸之別來理解塗山氏的心理脆弱，離神話的原意無疑會相去甚遠；若我們把「慚」的內容置於熊圖騰與狐圖騰之間的聯繫或神話性格上的衝突，那麼，許多問題就較易解決。「石破北方而啟生」的內容，使我想起《山海經・大荒西經》中提到的「有神十人名曰女媧之腸」，從石生到屍生，「慚」的意義就顯而易見並非今天的慚愧之意。《說文》中說「媧，古之神聖女，化萬物者也」，與在《太平御覽》卷一三五所引《帝王世紀》中的一段相合：「禹始納塗山氏女，曰女媧[19]，合婚于台桑，有白狐九尾之瑞，至是為攸

19 另見《索引》引《世本》所雲「禹娶塗山氏女，名女媧，生啟」。

女。」台桑之合，就是桑林之會，就是上巳節高禖崇拜的「盛會」。由此，我們可以看到大禹集團與塗山氏集團之間融合、滲透、聚合、分離、摩擦等一系列交往內容。應該說，這才是大禹與塗山氏神話的真正內涵。九尾之狐的神話原貌在這裡若隱若現，更多地被治水傳說所掩蓋，而透過其字裡行間，分明能感受到大禹與塗山氏之女載歌載舞，歡慶啟的誕生這壯美、熱烈的情景。如《吳越春秋‧越王無余外傳》所云：「綏綏白狐，九尾龐龐。我家嘉夷，來賓為王。成家成室，我造彼昌。天人之際，於茲則行。」依此可以推測，大禹時代，以熊（龍）為外妝的大禹與以九尾白狐為外妝的塗山氏之女，他們或許有過群婚，在桑林之會中盡情地狂歡，性與生殖的崇拜是他們狂歡的主題——而在神話的嬗變中，這種狂歡主題漸漸地被淡化、被世俗衍化。屈原在《天問》中這樣問道：

閔妃匹合，
厥身是繼；
胡維嗜不同味，
而快朝飽？

其實，兩情相悅，大禹與塗山氏之間並沒有出現多麼深的誤會，只是這種訴說衷腸的場面被「歸我子」的說法所掩蓋，其中的塗山氏化成石也是原始人民特有的情結（另如各地的望夫石傳說）。在原始人民看來，生命的野合是神聖而充滿自由和歡樂的，化石是生命存在的另一種形式，在禹和塗山氏之女中間，應該有野合即桑林之會的內容。啟母石是大禹與塗山氏之女桑林之會的見證，是他們情愛的紀念碑。這並不是情愛的悲劇，而應該是野性狂歡的神聖讚歌，只是無情的歲月給這個傳說蒙上了太多的塵垢。應該注意到，塗山氏「候人兮猗」的歌聲一直在世間迴響著。如，《華陽國志・巴志》中載：「江州縣郡治塗山，有禹王祠及塗后祠。」《列女傳》說：「塗山氏獨明教訓而致其化焉。及啟長，化其德而從其教，卒致令名。」關於塗山的位置，有多種說法，《蘇氏演義》說：「今塗山有四：一者會稽；二者渝州，即巴南舊江州是也，亦置禹廟於其間；三者濠州，亦置禹廟……《左傳》注雲塗山在壽春東北，即此是也，其山有鯀、禹、啟三廟……四者，《文字音義》云，塗山，古之國名，夏禹娶之，今宣州當塗縣是也。」我們並不能因為至今在河南省登封嵩山還有啟母石，就否認其他地方有塗山氏後裔之神跡存在的合理性。天下處處有泰山（即東嶽廟），和這道理是一樣的。在《左傳・哀公七年》中提到「禹會諸侯于塗山，執玉帛者萬國」；在《竹書紀年》中提到「禹會諸侯于塗山，殺防風氏」；《博物志・外國》中提到「（禹）至南海，經防風（之國）。防風之神二臣，以塗山之戮，見禹使，怒而射之」；《愛日齋叢鈔》中提到「禹會塗山之夕，大風雷震，有甲步卒千餘人，有不被甲者以紅綃帕抹其額，自此遂為軍容之服」。這裡塗山既是山，又是人，是塗山氏神性集團與大禹神性集團相合作的見證。今天各地所流傳的大禹與塗山氏的愛情悲劇故事，是對禹神話桑林之會意義的消解。當然，這也是原始神話在嬗變中所表現的普遍現象。

大禹治水成為中華民族歷史上的一座豐碑，其鑄鼎、征伐和治世的業績同樣燦爛輝煌，成為我們民族千古傳頌的佳話。

鼎是權力的標誌與象徵。神權即王權。或者說，鼎的專有，與後來的玉璽一樣，包含著對天地鬼神的告慰與誓言，也是對過去的歲月的紀念。傳說伏羲和黃帝都曾經鑄過鼎，大禹鑄鼎有著更特殊的意義。《史記・封禪書》說：「禹收九牧之金，鑄九鼎。」《左傳・宣公三年》載：「昔夏之方有德也，遠方圖物，貢金九牧，鑄鼎象物，百物而為之備，使民知神奸。故民入川澤山林，不逢不若，魑魅魍魎，莫能逢之。用能協於上下，以承天休。」《論衡・亂龍》：「禹鑄金鼎象百物，以入山林，亦辟凶殃。」《拾遺記》說：「禹鑄九鼎，五者以應陽法，四者以象陰數。使工師以雌金為陰鼎，以雄金為陽鼎。鼎中常滿，以占氣象之休否。」《帝王世紀》中曾提到「禹鑄鼎于荊山」，其意都在於對治水事業的總結。誠如范文瀾所說：「漢族一向有禹治水的神話，正反映著統一治河的共同要求，這種要求可以成為促進國家統一的因素。」[20]禹鑄鼎的意義正在於順應了這一歷史潮流。不僅如此，《天問》中曾提到「禹播降」，《述異記》中提到「夏禹時，天雨金三日」、「天雨稻」，《越絕書・外傳紀・越地傳》中說：「禹始也，憂民救水，到大越，上茅山，大會計，爵有德，封有功，更名茅山曰會稽。」禹還曾經「命皋陶作為夏龠九成，以昭其功」（《呂氏春秋・仲夏紀・古樂篇》）。封爵也好，作「夏龠九成」也好，都是為了鞏固自己的政

---

[20] 范文瀾：《中國通史簡編・第一編》，人民出版社一九七八年版，第五十一頁。

權。《十洲記》載：「禹經諸五嶽，使工刻石，識其里數高下。其字科斗書。」「不但刻劃五嶽，諸名山亦然，刻山之獨高處爾。」鑄鼎與刻山的意義相同。當然，鑄鼎者也有失敗者，如《墨子・耕柱》所載：「昔者夏後開使蜚廉採金於山川，而陶鑄之於昆吾。九鼎既成，遷於三國。」只有具有功德者才有資格鑄鼎，鑄鼎成為神話中權利與品德並舉的創造活動。《太平御覽》卷七五六所引的《晉中興書》說：「神鼎者，神器也，能輕能重，能息能行，不炊而沸，不汲自盈，氤氳之氣自然而生也。（其）亂則藏于深山，文明應運而至；故禹鑄鼎以擬之。」

征伐三苗在大禹神話中具有重要位置。三苗與共工、相柳、無支祁和防風氏等神性角色不同，它是大禹在治水事業完成之後所出現的「亂神」。堯和舜都曾經征伐過三苗。如《呂氏春秋・恃君覽・召類》載：「堯戰于丹水之浦，以服南蠻。」「舜卻苗民，更易其俗。」《尚書・堯典》和《淮南子・修務訓》都提到堯和舜「竄三苗于三危」。三苗應是中國南方一個古老的民族或部落，它曾經在西北地方居住。如《後漢書・西羌傳》中提到「西羌之本出自三苗」；《山海輕・海外南經》說：「三苗國在赤水東，其為人相隨。一曰三毛國。」《神異經・西荒經》載：「有人面目手足皆人形，而胳下有翼，不能飛。為人饕餮，淫逸無理，名曰苗民，《春秋》所謂三苗。」其形狀頗為怪異，「彭巫首」（《淮南子・齊俗洲》），「長齒，上下相冒」（《路史・後紀六》羅泌、羅苹注引《述異記》）。《史記・吳起列傳》載：「昔三苗氏，左洞庭，右彭蠡。」《史記・五帝本紀》載：「三苗在江、淮、荊州，數為亂。」《太平御覽》卷二引《金匱》：「三苗之時，三月不見日。」《戰國策・魏策》：「三苗之居，左有彭蠡之波，右有洞庭之水，文山在其南，而衡山在其北。」其「恃此險也，為政不善」。《尚書・呂刑》說：「惟時苗民匪察於獄之麗，罔擇吉人，觀於五刑之中。惟時庶威奪虎，斷制五刑以亂無辜。」顯然，這是在強詞奪理，為大禹奉天命行道製造前提。而事實上，堯和舜都曾為了統一事業征伐過三苗，但都遭到了其頑強抵抗。如《淮南子・修務訓》中提到「舜南征有苗」而「道死蒼梧」；《韓非子・五蠹》、《呂氏春秋・離俗覽・尚德》和《韓詩外傳》等處，也都提到「禹將伐之」而「舜曰不可」。征伐三苗是一項艱難的事業，禹對它的征伐是完成國家統一的重要舉措。《墨子・兼愛下》說：「禹之征有苗也，非以求重富貴、於福祿、樂耳目也，以求興天下之利，除天下之害。」《墨子・非攻下》載：「日妖宵出，雨血三朝，龍生於廟，犬哭於市；夏冰，地坼及泉，五穀變化，民乃大震。高陽乃命（禹于）玄宮。禹親把天之瑞令，以征有苗。雷電勃震，有神人面獸身，奉矽以侍，檻矢有苗之將，苗師大亂，後乃遂幾。禹既克有三苗焉，歷為山川，別物上下，卿制四極，而神民不違，天下乃靜。」顯然，其爭鬥是相當殘酷的。照《尚書・呂刑》所言，就是「上帝不蠲，降咎于苗。苗民無辭於罰，乃絕厥世」。

大禹對三苗的征伐，是依靠著眾多部族的配合完成的，《路史・後紀六》羅泌、羅苹注引《隋巢子》曰：「有神人面鳥身，降而輔之：司祿益食而人不饑，司金益富而國家實，司命益年而民不夭。四方歸禹，乃克有苗，而神人不違。」《淮南子・主術訓》：「故禹執干戚，舞於兩階之間，而三苗服。」當然，其中也並非完全得到其他部族的幫助。如《戰國策・魏策》：「禹攻三苗，而東夷之民不赴。」禹不僅為了統一大業征伐了三苗，而且征伐了其他部族。如《莊子・人間世》說：「禹攻有扈，國為虛厲。」《說苑・正理》曰：「昔禹與有扈氏戰，三陣而不服。禹於是修教一年，而有扈氏請服。」《淮南子・齊俗訓》中提到「昔有扈氏為義而亡」。高誘對此作注曰：「有扈，夏啟之庶兄也；以堯、舜舉賢，禹獨與子，故伐啟。啟亡之。」有扈氏居於西北，三苗居於南方，大禹多方出擊，可見其建立統一的夏王朝有多麼艱難。其他如《呂氏春秋一陣君覽・召類》中所舉的「禹攻曹、魏、屈、鰲、有扈，以行其教」，曹、魏當是東夷地區的部落，這表明夏王朝建立後天下並不太平，部族間的爭鬥一直沒有停止，禹伐三苗只是征伐他鄉的一個典型。

大禹不僅是一位治水英雄，而且是一位邦國領袖，他更是一位宗教神，統攝著人神兩個世界，時刻秉恃著天帝的使命去征伐異類。

大禹是一位治世的仁君，從生到死都是世間的楷模，備受後人稱讚。無疑，這裡附會了許多人文傳說，但它同樣不乏民間百姓的希望和期待。首先是大禹在行動上嚴格要求自己，如《尚書・大禹謨》：「克勤於邦，克勤於家，不自滿假。」《戰國策・魏策》：「帝女令儀狄作酒而美，進之禹。禹飲而甘之；遂疏儀狄，絕旨酒，曰，後世必有以酒忘其國者。」《新語・術事》：「禹捐珠玉於五湖之淵，將以杜淫邪之欲，絕琦瑋之情。」大禹克勤克儉，而且凡事有度，是環境保護的模範。如《逸周書》所載：「禹之禁，春三月，山林不登斧，以成草木之長；夏三月，川澤不入網罟，以成魚鱉之長；且以並農力，執成男女之功。」又如在《吳越春秋・越王無余外傳》中，禹「納言聽諫，安民治室，居靡山，伐木為邑，畫作印，橫木為門，調權衡，平斗斛，造井示民，以為法度」。大禹治世的重要內容在於求賢用能。如《孟子・公孫丑上》：「禹聞善言則拜。」《太平御覽》卷八二引《鬻子》：「禹之治天下也，五聲聽，門懸鼓、鐘、鐸、磬，而置鞀於簨簴，曰，教寡人以道者擊鼓，教寡人以義者擊鐘，教寡人以事者振鐸，語寡人以憂者擊磬，語寡人以獄訟者揮鞀。此之謂五聲。是以禹嘗據饋而七起，日中不假食。於是，四海之士皆至。」《漢書・晁錯傳》：「昔者大禹勤求賢士，施及方外，四極之內，舟車所至，人跡所及，靡不聞命，以輔其不逮；近者獻其明，遠者通厥聰，比善戮力，以翼天子。是以大禹能無失德，夏以長茂。」《墨子・節葬下》：「禹東教乎九夷，道死，葬會稽之山，桐棺三寸，葛以緘之，絞之不合，通之不坎；土地之深，下毋及泉，上毋通臭。既葬，收餘壤其上，壟若參耕之畝，則止矣。」總之，大禹是道德的化身，在他身上集中了所有的美德，堪稱原始神話中不落的太陽。

大禹從治水到治世，其神性的光輝不但溫煦，而且令人感到親切。他建立了夏王朝，他的子孫啟曾經秉承了他的光輝[21]，同時，也是啟熄滅了遠古神廟的最後一盞神燈，毀壞了他的大夏王朝[22]，到了夏桀王時期，禮崩樂壞，時人憤怒地喊道：

> 桀，
>
> 偈日亡！
>
> 吾與汝偕亡！

---

21 《山海經・大荒西經》稱：「開（啟）上三嬪於天，得《九辯》與《九扣》以下，此天穆之野，高二千仞，開（啟）焉得始歌《九招》。」

22 《墨子・非樂》稱：「啟乃淫溢康樂……萬舞翼翼，章聞於天，天弗用式。」

於是，在殷商王朝取代大禹夏王朝時，文字更清晰地記述著人們的足跡，中國神話時代就全然消失了。當然，更重要的原因是，隨著生產技術的迅速提高，特別是人們認識世界的能力迅速提高，神話的存在只限於記憶的階段，其新生的土壤被歷史傳說所替代，大禹時代作為遠古人民的精神成果不可阻擋地消失了它繁衍的溫床，中國古典神話時代也至此結束了。應該指出的是，神話思維並沒有終結，它還殘存著，甚至在某時空單位內曾經閃放出絢麗的光芒，而它畢竟已退居到次要地位，代之而起的是新的人文藝術，古典神話在被歷史化、哲學化、審美化的同時走進了世俗化，彌漫在一代又一代人的生活中。

我們民族的神話屬於歷史，在歷史演變中被記憶，被述說，並沒有被自己的經典束縛住了手足，它在民間文化生活中仍然振動著有力的雙翼。當在文獻典籍中漸漸模糊了對它的觀感時，在民間文化生活的野性天地中卻格外清晰地看到了它多彩的身影。特別令人欣喜的是，在神州大地上，中國古典神話以古廟會為重要文化背景，展現出一個個完整而清晰、剛健而清新的古典神話時代，與之交相輝映的是少數民族豐富多彩的神話傳說。

誠然，神話傳說故事形態的保存是多種多樣的。或曰，其流傳演變的渠道有很大可能是在口頭語言、語言文字、圖畫或雕塑等具體形態中不斷循環往復；諸如今天流傳在民間社會的神話傳說，有人不同意其來源於遠古的論說。的確，有許多問題沒有具體的實物作為證明，但是，又該如何解釋這些具有古老的歷史文化意蘊的神話傳說的來源呢？江河奔騰，不拒細流，神話傳說的語言形態無論如何變化，都具體存在於民族文化傳統之中。至少，民間神話的形態誰也不能否定；僅僅依據文獻，就非常容易陷入又一種形式的虛無主義。最後應該指出的是，不同民族都具有自己的神話傳說故事言說方式，此論說中國古代神話時代，絕無排斥其他民族神話時代、神話譜系的存在，而是勾勒歷史文獻，做一管窺和介紹。中華民族有眾多民族共同構成，社會文化譜系與神話譜系交相生輝，共同構成中國民族文化燦爛的圖畫。走進民間社會，面對琳琅滿目的神話傳說，特別是民間社會堅信不疑的中國古代神話時代這一神譜，有許多問題需要重新思索。

下卷

在中國歷史文化發展長河中，《山海經》堪稱中國古典神話的集大成。以此，可以管窺中國古典神話的基本類型與地理分布等內容。

壹、《山海經》的神話群

所謂神話群，一般指原始先民對自然和社會所表現出的形象的認識與表達所顯示出的集群現象。神話群體形象不但包括以帝王、英雄、聖賢、妖魔、怪異形象出現的神人，而且包括各種奇異的鳥獸魚蟲，和具有神秘意蘊的草木山石等神話傳說色彩的文化生態。

《山海經》的神話系統中，影響最大的是神人。特別是在《海內經》、《海外經》和《大荒經》諸篇中，神性家族構成了神話中的核心內容，成為全書中最有光彩的一部分。但也不可忽視那些以鳥獸魚蟲、草木山石面目所出現的神話內容。作為神人存在和活動的基本背景，這些內容是整個神話系統不可分割的「基礎」。

《山海經》中的神人眾多，其有名者，如黃帝、炎帝、羲和、顓頊、堯、舜、鯀、禹、西王母、刑天、共工、應龍、蚩尤，相柳、女媧，精衛、帝俊等；其無名者，如各山之神。神人的形狀、活動，構成了中國古典神話系統的基本內容。其中的一些片斷，被渲染成後世文學中天地變化的大事件，深深烙印在我們民族的心靈上。如果把所有記述這些神人及其相關活動、場所的內容概稱為神話群，那麼，就不難發現，在這部書中擁有許多光彩照人的神話群，它們不同程度地分布在崇山峻嶺和江河海湖間，映射出我們民族昨天的輝煌和艱辛。茲分述之。

一、「帝」神話群

此處帝以地分，此地不僅僅是土地。

這裡的帝，身份很明朗，姓名卻很模糊，他可以是天帝，也可以是人間的帝王，但更多的是天帝，統攝天地之間的萬事萬物。後世學者總是要把這些帝與具體的神話人物聯繫在一起，不無牽強附會之處。在黃帝、炎帝，帝俊等神話中的帝王之外，確實是存在著一個帝系神話群的。而且，在這個帝系神話群中，帝也絕對不止一個。在這裡，為了行文方便，姑且把所有的帝都列入一個帝的名下。帝神頗多，林林總總，如《西山經》載，可稱為「西山帝神話群」，以山為界，各有一片自己的神話範圍：

「又西三百五十里，曰天帝之山，上多棕枏，下多菅蕙。有獸焉，其狀如狗，名曰溪邊，席其皮者不蠱。有鳥焉，其狀如鶉，黑文而赤翁，名曰櫟，食之已痔。有草焉，其狀如葵，其臭如蘼蕪，名曰杜衡，可以走馬，食之已癭。」

「西次三經之首，曰崇吾之山，在河之南，北望塚遂，南望䍃之澤，西望帝之搏獸之丘，東望𩿧淵。」

「又西北四百二十里，曰鐘山。其子曰鼓，其狀如人面而龍身，是與欽䲹殺葆江于崑崙之陽，帝乃戮之鐘山之東曰䍃崖。」

「又西三百二十里，曰槐江之山。丘時之水出焉，而北流注于泑水。其中多蠃母，其上多青雄黃，多藏琅玕、黃金、玉，其陽多丹粟。其陰多采黃金銀。實惟帝之平圃，神英招司之，其狀馬身而人面，虎文而鳥翼，徇于四海，其音如榴。」

「西南四百里，曰崑崙之丘，是實惟帝之下都，神陸吾司之。其神狀虎身而九尾，人面而虎爪；是神也，司天之九部及帝之囿時……有鳥焉，其名曰鶉鳥，是司帝之百服。」

又如，可稱「中山帝神話群」，《中山經》載：

「又東十里，曰青要之山，實維帝之密都。北望河曲，是多駕鳥。南望墠渚，禹父之所化，是多僕纍、蒲盧。」

「中次七經苦山之首，曰休與之山。其上有石焉，名曰帝台之棋，五色而文，其狀如鶉卵，帝台之石，所以禱百神者也，服之不蠱。」

「東三百里，曰鼓鐘之山，帝台之所以觴百神也。」

「又東二百里，曰姑媱之山。帝女死焉，其名曰女屍，化為䔄草……服之媚於人。」

「又東南五十里，曰高前之山。其上有水焉，甚寒而清，帝台之漿也，飲之者不心痛。」

「又東南三十里，曰畢山。帝苑之水出焉，東北流注於視，其中多水玉，多蛟。」

「又東五十五里，曰宣山。淪水出焉，東南流注于視水，其中多蛟。其上有桑焉，大五十尺，其枝四衢，其葉大尺餘，赤理黃華青木付，名曰帝女之桑。」

「又東南一百二十里，曰洞庭之山，其上多黃金，其下多銀鐵，其木多柤梨橘木繇，其草多蓤、虋蕪、芍藥、芎藭。帝之二女居之，是常游于江淵。」

在《山經》中，帝的出現集中在《西山經》和《中山經》裡。而一般學者以為，《西山經》和《中山經》的地域範圍大致在陝西、甘肅、青海、寧夏、新疆東部和河南、山西一帶。這說明一個問題，河洛為「三代」之居絕不是偶然的。帝的影響在這一帶頻繁出現，標誌著《山海經》的神話中心之所在。

《海外南經》中載：「有神人二八，連臂，為帝司夜於此野。在羽民東。其為人小頰赤肩。盡十六人。」

《海外西經》載：「刑天與帝至此爭神，帝斷其首，葬之常羊之山。乃以乳為目，以臍為口，操干戚以舞。」

《海外東經》載：「帝命豎亥步，自東極至於西極，五億十選九千八百步。豎亥右手把算，左手指青丘北。」

《海內西經》載：「貳負之臣曰危，危與貳負殺窫窳。帝乃梏之疏屬之山，桎其右足，反縛兩手與髮，繫之山上木。」

「海內崑崙之虛，在西北，帝之下都。崑崙之虛，方八百里，高萬仞。上有木禾，長五尋，大五圍。面有九井，以玉為檻。面有九門，門有開明獸守之，百神之所在。」

《大荒南經》載：「有巫山者，西有黃鳥。帝藥，八齋。黃鳥于巫山，司此玄蛇。」

《大荒北經》載：「共工臣名曰相繇，九首蛇身，自環，食於九土。其所歍欠所尼，即為源澤，不辛乃苦，百獸莫能處。禹湮洪水，殺相繇，其血腥臭，不可生穀；其地多水，不可居也。禹湮之，三仞三沮，乃以為池，群帝因是以為台。在崑崙之北。」

《海內經》載：「洪水滔天。鯀竊帝之息壤以堙洪水，不待帝命。帝令祝融殺鯀於羽郊。鯀復生禹。帝乃命禹卒布土以定九州。」

在以上的材料中，我們可以看到「天帝之山」景色的絢麗多彩，「帝之平圃」的富麗堂皇，「帝之下都（崑崙之虛）」的巍峨壯觀，以及「帝」在殺戮眾神、與刑天爭神、桎梏逆神中的戰鬥激烈，和「帝台」前「觴百神」的盛大場面，「帝台之漿」的神奇藥效，以及「帝女之桑」的高大，帝女的命運，神使守衛所襯托出的威嚴。天帝的職能集中體現在使世界保持安寧，不僅他是這樣，黃帝、炎帝和其他人間的帝王都如此。他們的征殺，在事實上反映出遠古的部落、氏族間的不斷爭鬥，中華民族邁上民族統一的漫長的征程，當然，這裡的帝更多的屬於遠古人民的想像，是將他們理想化、典型化了。

二、黃帝神話群

黃帝神話群包含著這樣一些內容，一是黃帝神譜，由「黃帝生×」的句式作為標誌，組成龐大的「黃帝家族」；二是與黃帝發生聯繫的群神，表現出黃帝與其他部落的戰爭等重大事件，三是黃帝的個人行為對世界的影響，以及在黃帝的生存環境中直接表現出的物產和各種自然景觀等神話現象。

黃帝家族在中國神話體系中佔據著很特殊的地位。司馬遷描述歷史國家的形成就是從黃帝開始的，後世也多以黃帝為中華民族的創立者。在《山海經》中，集中體現黃帝家族譜系即神譜的主要有《大荒經》和《海內經》的一些篇章。如：

《大荒東經》載：「東海之渚中，有神，人面鳥身，珥兩黃蛇，踐兩黃蛇，名曰禺虢。黃帝生禺虢，禺虢生禺京。禺京處北海，禺虢處東海，是惟海神。」

《大荒西經》載；「有北狄之國。黃帝之孫曰始均，始均生北狄。」

《大荒北經》載：「大荒之中，有山名曰融父山，順水入焉。有人名曰犬戎。黃帝生苗龍，苗龍生融吾，融吾生弄明，弄明生白犬，白犬有牝牡，是為犬戎，肉食。」

《海內經》載：

「流沙之東，黑水之西，有朝雲之國、司彘之國。黃帝妻雷祖（嫘祖），生昌意。昌意降處若水，生韓流。韓流擢首，謹耳、人面、豕喙、麟身、渠股、豚止，取淖子曰阿女，生帝顓頊。」

「黃帝生駱明，駱明生白馬，白馬是為鯀。」

由此可知，黃帝的嫡系血統有禺虢、始均、苗龍、昌意、駱明等，繼續推算，顓頊家族、鯀禹家族、犬戎家族、北狄之國和禺京海神家族都可列為黃帝族系之內。

與黃帝族發生聯繫的有夔、蚩尤。

如《大荒東經》載：「東海中有流波山，入海七千里。其上有獸，狀如牛，蒼身而無角，一足，出入水則必風雨，其光如日月，其聲如雷，其名曰夔。黃帝得之，以其皮為鼓，橛以雷獸之骨，聲聞五百里，以威天下。」

《大荒北經》載：「有系昆之山者，有共工之台，射者不敢北鄉。有人衣青衣，名曰黃帝女魃。蚩尤作兵伐黃帝，黃帝乃令應龍攻之冀州之野。應龍畜水。蚩尤請風伯雨師，縱大風雨。黃帝乃下天女曰魃，雨止，遂殺蚩尤。」

夔是一個具有堅強力量的部落，卻被黃帝所擊敗。這裡的「以其皮為鼓」、「以威天下」背後，隱含著一場可能是異常殘酷的戰爭。而在與蚩尤的作戰中，黃帝的隊伍就顯得更加壯大，如應龍、天女魃等神，應該說是黃帝族戰鬥力量的一部分，是神使，或者是歸附來效命的氏族部落集團・值得一提的是，著名的阪泉之戰卻沒有在這裡提及，以下還有類似的情況，如「女媧之腸」沒有女媧造人、補天的提及，這些現象顯示出《山海經》神話材料的龐雜、散亂，也顯示出其質樸的本色。當然，問題也可能更複雜。如果以此對照於《史記》和後世更多的關於黃帝的典籍，會在黃帝神話的衍變即歷史發展的嬗變中發現許多值得我們進一步思索的重要內容。

黃帝的個人行為主要表現在《西山經》裡。

如《西次三經》載：

「又西北四百二十里，曰峚山，其上多丹木，員葉而赤莖，黃華而赤實，其味如飴，食之不饑。丹水出焉，西流注於稷澤，其中多白玉。是有玉膏，其原沸沸湯湯，黃帝是食是饗。是生玄玉。玉膏所出，以灌丹木。丹木五歲，五色乃清，五味乃馨。黃帝乃取峚山之玉榮，而投之鐘山之陽。」

「又西三百五十里，曰天山，多金玉，有青雄黃。英水出焉，而西南流注于湯谷。有神焉，其狀如黃囊，赤如丹火，六足四翼，渾敦無面目，是識歌舞，實為帝江也。」

黃帝以玉為飲食，取「峚山之玉榮，而投之鍾山之陽」。作為天山英水神，其有著特殊的形狀，而且「識歌舞」（畢沅、杜預等人認為帝江即帝鴻，帝鴻即黃帝）。這裡，黃帝的神話性格更顯得豐富而突出。

與黃帝相關的「軒轅之丘」、「軒轅之山」、「軒轅之台」、「軒轅之國」、「建木」，同樣是黃帝神話群的重要內容。如：

關於「軒轅之丘」，《西次三經》載：「又西四百八十里，曰軒轅之丘，無草木。拘水出焉，南流注于黑水，其中多丹粟，多青雄黃。」

關於「軒轅之山」，《北次三經》載：「又東北二百里，曰軒轅之山，其上多銅，其下多竹。有鳥焉，其狀如梟而白首，其名曰黃鳥，其鳴自詨，食之不妒。」

關於「軒轅之台」，《大荒西經》載：「有軒轅之台，射者不敢西向射，畏軒轅之台，」

關於「軒轅之國」，《大荒西經》載：「有軒轅之國。江山之南棲為吉。不壽者乃八百歲。」

關於「建木」，《海內南經》載：「有木，其狀如牛，引之有皮，若纓、黃蛇．其葉如羅，其實如欒，其木若蓲，其名曰建木。在窫窳西弱水上。」《海內經》載：「有木，青葉紫莖，玄華黃實，名曰建木，百仞無枝，有九欘，下有九枸，其實如麻，其葉如芒。大皞爰過，黃帝所為。」

黃帝不但是一個偉大的神界領袖，而且是一個卓越的人間帝王。在他的身上，集中了中國古代神話人物的典型形狀、性情、職能；在他的周圍，神奇的山川草木鳥獸魚蟲，都呈現出獨特的光輝。他不但平息了蚩尤那樣的亂賊，使國家得到安寧，而且建造了高大的建木神樹。使天界和人間得到溝通。他有著奇異的形狀，以玉為飲食，不但是一位威震四方的戰神，而且是一位識歌舞的文化大神。更重要的是他生養了一大批群神，諸如禺虢那樣的海神，顓頊和鯀、禹等人間的帝王和英雄。可以說，在中國神話系統中，沒有任何神話典型能與黃帝神話群相媲美。這就難怪「百家言黃帝」！特別是他領導的國土上，人民長壽，年齡短者也有八百歲。《大荒東經》提到「帝俊生帝鴻」，若如畢沅和杜預所言，帝鴻（帝江）即黃帝，那麼，這個神性家族就更加龐大。黃帝神話群的形成，表明中國古典神話與原始思維的密切聯繫及中國神話結構的基本特色。

關於帝俊神話系統，在前面論及《山海經》的基本系統部分時已詳述，此處省略。

三、顓頊神話群

在中國神話譜系中，次於黃帝神話群的龐大景觀者，這裡可推顓頊神話群。

顓頊在中國神話系統中也佔據著十分重要的地位，直接影響著中國神話的基本內容和發展變化。在《山海經》中，關於顓頊的神話內容集中體現在《海外北經》、《大荒經》和《海內經》中。如：

《海外北經》載：「務隅之山，帝顓頊葬于陽，九嬪葬于陰。一曰爰有熊、羆、文虎、離朱，鴟久、視肉。」

《大荒東經》載：「東海之外大壑，少昊之國。少昊孺帝顓頊於此，棄其琴瑟。」

《大荒南經》載：

「又有成山，甘水窮焉。有季禺之國，顓頊之子，食黍。」

「有國曰顓頊，生伯服，食黍。」

《大荒西經》載：

「有國名淑士，顓頊之子。」

「有芒山。有桂山。有榣山，其上有人，號曰太子長琴。顓頊生老童，老童生祝融，祝融生太子長琴，是處榣山，始作樂風。」

「大荒之中，有山名曰日月山，天樞也。吳姖天門，日月所入。有神，人面無臂，兩足反屬於頭山，名曰噓。顓頊生老童，老童生重及黎，帝令重獻上天，令黎邛下地。下地是生噎，處於西極，以行日月星辰之行次。」

「有池，名孟翼之攻顓頊之池。」

「大荒之中，有山，名曰大荒之山，日月所入，有人焉三面，是顓頊之子，三面一臂，三面，之人不死。是謂大荒之野。」

「有魚偏枯，名曰魚婦。顓頊死即復蘇。風道北來，天及大水泉，蛇乃化為魚，是為魚婦。顓項死即復蘇。」

《大荒北經》載：

「東北海之外，大荒之中，河水之間，附禺之山，帝顓頊與九嬪葬焉。爰有鴟久、文貝、離俞、鸞鳥、皇鳥、大物、小物。有青鳥、琅鳥、玄鳥、黃鳥、虎、豹、熊、羆、黃蛇、視肉、璿瑰、瑤碧，皆出衛於山。丘方員三百里，丘南帝俊竹林在焉，大可為舟。竹南有赤澤水，名曰封淵。有三桑無枝。丘西有沈淵，顓頊所浴。」

「有叔歜國，顓頊之子，黍食，使四鳥：虎、豹、熊、羆。有黑蟲如熊狀，名曰獵獵。」

「西北海外，流沙之東，有國曰中車扁，顓頊之子，食黍。」

「西北海外，黑水之北，有人有翼，名曰苗民。顓頊生驩頭，驩頭生苗民，苗民厘姓，食肉。」

《海內經》載：「流沙之東，黑水之西，有朝雲之國、司彘之國。黃帝妻雷祖，生昌意。昌意降處若水，生韓流。韓流……取淖子曰阿女，生帝顓頊。」

關於顓頊的神話傳說，在歷史的發展中明顯少於黃帝族系。但不可否認的是，顓頊在中國神話系統中是一個承前啟後、繼往開來式的神話人物。從以上材料中，可以看到顓頊為黃帝之後，屬昌意之孫。他在年幼時，曾被少昊撫養，在東海之外的大峽谷中扔過他玩的琴瑟，還曾在附禺山西側的深淵中洗過澡。最後，他就葬在附禺山，有九位嬪妃伴他在這裡長眠。他有巫的色彩，如化為魚婦的一段描述，這在中國原始神話中具有一定代表性。更重要的是他生化出了許多子民，如「季禺之國」、「伯服」、「淑士」、「老童（延及祝融、長琴一系及重及黎一系）」、「三面之人」、「叔歜國」、「中車扁」、「驩頭（生苗民）」等；這些「國」，應該是他統領的部族、部落，可以看做神話單位。其中有不少族「食黍」，這是農耕文化在顓頊神話群中的反映。值得注意的是，在顓頊族系中，祝融是老童即顓頊之子所生，與《海內經》中「炎帝之妻，赤水之子聽訞生炎居，炎居生節並，節並生戲器，戲器生祝融」相比，它使我們思索這樣一個問題：祝融為炎帝之後，也為顓頊之後，而顓頊為黃帝之後，這種以祝融為交叉點的炎帝、黃帝兩大族系是如何發生相互交融的聯繫呢？

四、大禹神話群

與帝系神話群、黃帝神話群、帝俊神話群和顓頊神話群相比，《山海經》中有廣大影響的神話群，還可以列舉出大禹神話群。

在某種程度上講，禹神話群的出現和形成在中國神話發展史上意味著一種古典系統的終結。也就是說，從神話本身所包含的層次上來看，黃帝神話系統的出現，意味著中國神話體系的高度完善，而禹神話群則宣告了中國神話時代的結束。當然，這是歷史發展的必然——殷商文明以文字為主要載體，無情地揭示出史前時期的最後一頁，而掀開「有史」文明的第一章。這樣，禹神話群就理所當然地標誌著中國古典神話的最後一次輝煌。

禹神話群的範圍限定在這樣一個環境中：鯀神話成為其序幕，夏啟神話則作為其結尾，中間包含著對禹——治水英雄與人間帝王身份的合一——的各種活動的述說。他們三代人在神話中的體現，應看做是一個不可分割的整體。這也是中國神話系統的一個重要特色。

鯀的出現，是一個悲劇英雄的神話性格的具體展現。

《海內經》言：「黃帝生駱明，駱明生白馬，白馬是為鯀」，「禹、鯀是始布土，均定九州」，而後其詳述：「洪水滔天。鯀竊帝之息壤以堙洪水，不待帝命。帝令祝融殺鯀於羽郊。鯀復生禹。帝乃命禹卒布土以定九州。」在《中次三經》中提到「青要之山，實惟帝之密都……南望墠渚，禹父之所化」。《大荒北經》中說：「有榆山。有鯀攻程州之山。」由此我們可以看到，鯀屬黃帝族系，其「布土」、「竊帝之息壤」等活動都是為了「治水」。應該說，其中蘊涵著著名的神話類型之一的洪水神話。為了禹的治水事業得到成功，鯀被祝融殺於羽郊。鯀同樣是一個英雄，儘管他是一個悲劇英雄；他為禹的治水事業積累了可貴的經驗，如「布土」，就被後世推為築城的先驅，蘊涵著創造神話的許多重要內容。禹繼承了父業，經過艱苦卓絕的奮鬥，終於使洪水平息下來，實現了父願，從而也使曾在一個時代佔據重要位置的洪水神話、禪讓的政治神話都宣告結束。

直接描寫禹的神話內容，除了《海內經》所述的「布土」、「均定九州」和《中次三經》中所述的「青要之山」作為「帝之密都」是鯀所化之外，他的身世、業績等內容在《海外》諸經和《大荒》諸經中都得到了詳細的反映。其中可以看到征殺在禹神話系統中佔據著突出位置，這表明禹族系在征服四野部落中經歷了許多艱苦卓絕的搏殺，最後的治水成功在事實上標誌著他對其他部落征伐的勝利。他殺的並不是某一個具體的神人，而是具體的部落氏族。這一點上，在許多神話與史實的聯繫中都普遍地表現出來。當然，禹神話與其他神話所不同的內容主要就在於，禹不但是一個治水英雄，而且是一位功勳卓著的部落首領、神壇領袖，還是一位識天辨地的文化英雄。從《山海經》中，我們可以相當清晰地看到這些內容。其相關的內容如下：

《海外北經》載：

「共工之臣曰相柳氏。九首，以食於九山。相柳之所抵，厥為澤溪。禹殺相柳，其血腥，不可以樹五穀種。禹厥之，三仞三沮，乃以為眾帝之台。」

「禹所積石之山在其東，河水所入。」

《海外東經》載：「帝令豎亥步……豎亥右手把算，左手指青丘北。一曰禹令豎亥。」

《大荒南經》載：「大荒之中，有山名塗之山，青山窮焉。有雲雨之山，有木名曰欒。禹攻雲雨。有赤石焉生欒，黃本，赤枝，青葉，群帝焉取藥。」

《大荒西經》載：「西北海之外，大荒之隅，有山而不合，名曰不周負子，有兩黃獸守之。有水曰寒暑之水。水西有濕山，水東有幕山。有禹攻共工國山。」

《大荒北經》載：

「大荒之中，有山名曰先檻大逢之山，河濟所入，海北注焉。其西有山，名曰禹所積石。」

「有毛民之國，依姓，食黍，使四鳥。禹生均國，均國生役采，役采生修鞈，修鞈殺綽人。帝念之，潛為之國，是此毛民。」

「共工臣名相繇，九首蛇身，自環，食於九土。其所鳥欠所尼，即為源澤，不辛乃苦，百獸莫能處。禹湮洪水，殺相繇，其血腥臭，不可生穀；其地多水。不可居也。禹湮之，三仞三沮，乃以為池，群帝因是以為台。在崑崙之北。」

這裡的禹神話群包含這樣幾種內容：殺相柳（即相繇），積石，令豎亥測地，攻共工國、雲雨等山，生均國，等。除了湮水即治理洪水的偉大業績外，這些內容構成禹神話群的存在氛圍。諸如後世衍生的娶塗山氏女，殺無支祁，索（鎖）蛟，三過家門而不入，化能（熊），會諸侯於會稽山，殺防風氏等傳說，我們可以看到禹神話發展嬗變的軌跡及它與原始先民理想的有機聯繫。禹神話的道德品格即獻身治水事業的偉大精神，成為整個大禹神話傳說的核心；而在《山海經》中，禹的形象更重要的是作為神界的領袖、人間的帝王和英雄出現的，應該說，這才是它最為原始的面目。以此與《史記》等作品中關於禹神話的具體描述相聯繫，我們可以更清楚地看到中國古代神話對整個中國文化發展的具體的影響作用。關於這個問題，將在別處詳述。

啟在《山海經》中的地位與稱呼頗特殊，明顯地有別於他人，即稱為「夏後啟」。他和禹的血緣關係，《山海經》中並沒有明確交代，但我們從相關的文獻中可以看到這些內容。啟的出現，在歷史發展中是以結束堯、舜，禹相沿的禪讓制而作為神話時代分水嶺的。在一些神話傳說中，啟是禹的兒子，生於石闕，即塗山氏女棄禹而走，禹喚「還我子」所得。還有一些傳說中講，啟荒淫無道，背離了大禹，如何如何。而在《山海經》中，啟即開，是著名的文化大神。如，《大荒西經》載：「西南海之外，赤水之南，流沙之西，有人珥兩青蛇，乘兩龍，名曰夏後開。開上三嬪於天，得《九辯》與《九歌》以下。」《海外西經》載：「大樂之野，夏後啟於此儛九代，乘兩龍，雲蓋三層。左手操翳，右手操環，佩玉璜。在大運山北。一曰大遺之野。」之外還有關於「夏後啟之臣」孟塗「司神于巴」的記述。輝煌、壯麗的啟神話，在這裡卻處於支離破碎的狀態，這究竟是何原因呢？

現代科學中有全息學說，以此來解釋、分析中國古代神話群落是很有意義的。全息的一般意義為，從事物的一個極小部分可以看到整體的存在狀態。禹神話群在中國遠古文化發展中代表著神話的終結時代。這一時期的科學技術、文化、社會政治等內容已經相當完備，給我們傳遞出許多關於神話時代必然結束的資訊。《詩經》等文獻中盛讚「普天之下，惟禹之功」的意義，正在於禹神話群所傳達的神話末世的最後一次輝煌景觀在原始先民的記憶中所留下的烙印，以及他們對這最後一位神話英雄的無限推崇、景仰。以鯀為端，以啟為尾，顯現出禹神話群的蔚為壯觀的景象。更為重要的是，整個《山海經》中，禹的稱呼沒有像其他神人那樣被尊稱為帝，這從一個方面說明禹神話的產生時代與整個《山海經》的形成時期的複雜聯繫。所以，劉歆、楊慎、郝懿行等學者都認為這部神話經典始於夏代。運用全息學說觀察禹神話群，使我們得出了上述的結論。

《山海經》的神話中心，在整體看來是以黃帝家族為核心內容的。在中國古代典籍中，存在著尊崇黃帝的歷史傳統，這裡，已經很明顯地存在著。炎帝族曾經是與黃帝族相抗衡的又一大部落，而在這裡全退居於一種相對隱沒的狀態。這從另一個方面也說明炎帝族為黃帝族吞併後的壓抑情狀。相似的神話現象還有很多，如蚩尤、刑天、祝融、夔、相柳（相繇）等群神。這種現象同樣不能忽視其存在的價值和意義。

五、眾神譜

中華民族是漫長的歷史長河中許多民族融合而成，歷來尊崇平和、安定；所以，中國古典神話譜系中突出表現出大融合的氣象。眾神同居，成為《山海經》神話系統的重要特色。

與帝神話群，帝俊神話群，黃帝神話群，顓頊神話群，禹神話群相對存在的古典神話群落，在《山海經》中還有堯神話群、舜神話群、嚳神話群、丹朱神話群，西王母神話群、崑崙神話群、共工神話群、蚩尤神話群、以及夸父神話、精衛神話、禺強神話、燭龍神話、祝融神話、相柳神話、刑天神話、應龍神話、蓐收神話、句芒神話、羲和神話、帝女神話、羿神話、日月神話，各山山神神話，以及曾經輝煌而在此褪色的炎帝神話、伏羲神話，女媧神話，更不用說那些神奇的山川草木和鳥獸魚蟲諸神了。

在這裡，可以看到神話中如潮水般洶湧澎湃而來的生命形象群體。如何能斷言中國無神話或少神話呢？

帝堯、帝舜、帝嚳，帝丹朱，他們在《山海經》中常常是連在一起的。如，在一些地方提到「帝堯台、帝嚳台、帝丹朱台、帝舜台各二台，台四方」之類的內容。這裡的台即神台，和共工之台的意義一樣，是典型的靈魂崇拜，也可以稱為靈台，它直接影響著後世的民間信仰的祭祀形式與行為。其意義將另文敘述。

崑崙崇拜在《山海經》的神話系統中具有非常特殊的意義。它不像上述的帝堯、帝舜，帝丹朱、帝嚳等帝神的台那樣令人畏懼「不敢向射」，而是作為一個巨大的神話載體，包容著中國古典神話的基本內容。這裡，可以把這種現象稱之為崑崙神話群。

崑崙神話群包括「崑崙丘」、「崑崙虛」和「崑崙淵」等。

《西次三經》載：

「……崑崙之丘，是實惟帝之下都，神陸吾司之。其神狀虎身而九尾，人面而虎爪；是神也，司天之九部及帝之囿時。有獸焉，其狀如羊而四角，名曰土螻，是食人。有鳥焉，其狀如蜂，大如鴛鴦，名曰欽原，蠚鳥獸則死，蠚木則枯。有鳥焉，其名曰鶉鳥，是司帝之百服。有木焉，其狀如棠，黃華赤實，其味如李而無核，名曰沙棠，可以禦水，食之使人不溺。有草焉，名曰薲草，其狀如葵，其味如蔥，食之已勞。河水出焉，而南流注于無達。赤水出焉，而東南流注於氾天之水。洋水出焉，而西南流注于醜塗之水。黑水出焉，而西流注於大杅。是多怪鳥獸。」

「……鐘山。其子曰鼓，其狀如人面而龍身，是與欽䲹殺葆江于崑崙之陽……」

「……槐江之山……實惟帝之平圃，神英招司之，其狀馬身而人面，虎文而鳥翼，徇于四海，其音如榴。南望崑崙，其光熊熊，其氣魂魂。」

《北山經》載：「又北三百二十里，曰敦薨之山，其上多棕枏，其下多茈草。敦薨之水出焉，而西流注於泑澤。出於崑崙之東北隅，實惟河原。」

《海外南經》載：

「崑崙虛在其東，虛四方。一曰在岐舌東，為虛四方。」

「羿與鑿齒戰于壽華之野，羿射殺之。在崑崙虛東。」

《海內西經》載：

「流沙出鐘山，西行又南行崑崙之虛，西南入海，黑水之山。」

「海內崑崙之虛，在西北，帝之下都。崑崙之虛，方八百里，高萬仞。上有木禾，長五尋，大五圍。面有九井，以玉為檻。面有九門，門有開明獸守之，百神之所在。在八隅之岩，赤水之際，非仁羿莫能上岡之岩。」

「崑崙南淵深三百仞。開明獸身大類虎而九首，皆人面，東向立崑崙上。」

《海內北經》載：

「西王母梯幾而戴勝杖。其南有三青鳥，為西王母取食。在崑崙虛北。」

「帝堯台、帝嚳台、帝丹朱台、帝舜台，各二台，台四方，在崑崙東北。」

「蟜，其為人虎文，脛有𦜈。在窮奇東。一曰狀如人，崑崙虛北所有。」

「崑崙虛南所，有氾林方三百里。」

《海內東經》載：

「國在流沙中者，埻端璽暰，在崑崙虛東南。一曰海內之郡，不為郡縣，在流沙中。」

「西胡白玉山在大夏東，蒼梧在白玉山西南，皆在流沙西，崑崙虛東南。崑崙山在西胡西。皆在西北。」

《大荒西經》載：「西海之南，流沙之濱，赤水之後，黑水之前，有大山，名曰崑崙之丘。有神，人面虎身，有文有尾，皆白，處之。其下有弱水之淵環之，其外有炎火之山，投物輒然。有人戴勝，虎齒，有豹尾，穴處，名曰西王母。此山萬物盡有。」

所謂崑崙，《爾雅》中有「三成為崑崙丘」之語，畢沅注道：「是崑崙者，高山皆得名之。」在《水經注》中也有「東海方丈，亦有崑崙之稱」的釋義。崑崙山在中國神話傳說中的意義應該是指其崇高、神聖的一面，而非實指，在《山海經》中也應當是這樣。在《西次三經》中，稱其「西南四百里」，指明為「帝之下都」。顯然，若一定要找出其具體位置，那將是徒勞的。因為這是一座瑰麗而險奇的神話山，集中表現出原始先民對天帝生存環境的神奇的想像。崑崙景觀是東方文化中的奧林匹斯山，神人們在這裡上下，演繹了許多動人的神話故事。所以，直到今天，我們還習慣於把國家保障力量——人民軍隊稱為「崑崙」，它是神話中神聖、崇高、堅強有力的意義喻指。

崑崙山上的神話內容異常豐富，有「虎身而九尾，人面而虎爪」，「司天之九部及帝之圃時」的陸吾，有「人面虎身，有文有尾皆白」的山神，有「戴勝，虎齒，有豹尾，穴處」的西王母，還有「身大類虎而九首」的守護神開明獸。崑崙有崇山峻嶺，也有「方八百里，高萬仞」的神台，同樣，又有深百仞的深淵。在這座神奇的山中·有高大的「木禾」，奔騰向四面八方的長河源頭，有食人的土螻，像鴛鴦一樣大的蜂鳥欽原，為天帝服侍的鶉鳥，有黃色的花朵、紅色的果實，「其味如李而無核」的沙棠，「食之已勞」的外表如葵味道如蔥的神草薲草。這裡有欽䲹殺葆江、羿射殺鑿齒的戰爭，有帝堯、帝嚳、帝丹朱、帝舜的神台。尤其是開明神獸作為崑崙守護神，它的周圍更加絢麗。它有著九個腦袋，如虎的身軀，佇立在崑崙山上，面向東方。它的四周，東面有成群的巫。正操作著以不死之藥救治神人的「仙術」，西邊是頭上頭下胸前都佩戴著蛇的鳳凰和鸞鳥；南邊有很多神奇的獸和樹木，諸如有六個腦袋的樹鳥，像蛇的身軀而生出四隻腳的蛟及長尾猿；北邊則有許多生長珍珠、美玉的神樹，生長不死之藥的靈樹，結出果實的稻子樹，高大的柏樹，以及那些頭上戴著盾的鳳鳥和鸞鳥。這樣令人眼花繚亂的崑崙盛景，卻被一些學者視而不見，認識不到其豐富的神話意蘊。

崑崙山女神西王母的存在，在中國古典神話系統中是一個很典型的現象。可以將她的形象與帝俊、黃帝、顓頊、禹和堯、舜、嚳、丹朱等帝王神相比照，與炎帝，伏羲那些隱沒的帝王相比照，與共工、蚩尤、刑天、羿、祝融這些英雄神相比照，也可以與女媧、帝女、舜妻、羲和、精衛等神女相比照，從中看出她的獨立性和突出性。在她的身上，可以看到遠古部落的酋長與神話女王雙重身份的融合的痕跡。在一定程度上可以把她看做是崑崙山的靈魂。

《西次三經》載：「又西三百五十里，曰玉山，是西王母所居也。西王母其狀如人，豹尾虎齒而善嘯，蓬發戴勝，是司天之厲及五殘。有獸焉，其狀如犬而豹文，其角如牛，其名曰狡，其音如吠犬，見則其國大穰。有鳥焉，其狀如翟而赤，名曰勝遇，是食魚，其音如錄，見則其國大水。」

《海內北經》載：「西王母梯幾而戴勝杖。其南有三青鳥，為西王母取食。在崑崙虛北。」

《大荒西經》載：

「西有王母之山，壑山、海山。」

「西海之南，流沙之濱，赤水之後，黑水之前，有大山，名曰崑崙之丘。有神，人面虎身，有文有尾。皆白，處之。其下有弱水之淵環之，其外有炎火之山，投物輒然。有人戴勝，虎齒，有豹尾，穴處，名曰西王母。此山萬物盡有。」

「王母之山」究竟具體在何處？

「萬物盡有」是神話世界的重要標誌，為何如此為西王母擁有？

郭璞對西王母居處不一如此解釋道：「西王母雖以崑崙之宮，亦自有離宮別窟，不專住一山也。故記事者各舉所見而言之。」（《山海經傳》）其實，這是神話流傳中的普遍現象，即變異。玉山，崑崙山，王母山，都是神話中王母的居處。西王母的形象主體是「戴勝」、「虎身」（「虎齒」），與《西次三經》中的具「虎身」、「虎爪」的陸吾相似，一個是「司天之厲及五殘」，一個是「司天之九部及帝之圃時」。在他們的周圍都有神異的生命，如一個周圍有一出現即使國家豐收的吉祥神獸「狡」，一出現即使國家發生大水災的兇惡神鳥「勝遇」；一個周圍有食人的神獸「土螻」，能螫死鳥獸和樹木的神鳥「欽原」，以及禦水神木沙棠、療饑的神草薲草。神獸和神鳥都是他們的神使。這表現出更為原始的神話情結，用浩浩蕩蕩的神使統懾神界，顯現出西王母神話的神性威嚴。這是其他神話所不具備的內容和意義。

《山海經》神話中天帝、帝俊、黃帝、顓頊和禹構成了一個龐大的神性家族，在血脈上可以把他們看做一體。西王母為主體內容的崑崙神話是又一個體系。而在其中若隱若現的炎帝、伏羲、女媧則很明顯是屬於另外的體系，包括一些山神在內。可以從宏觀上把他們看做「四大家族」。這「四大家族」在神話中因為不同的歷史文化背景而具有不同的地位和意義。也就是說，整個《山海經》神話系統，是以黃帝家族（包括帝、帝俊、顓頊、禹，以及堯、舜、嚳、丹朱等神話形象）為主體，展示其生存狀態和行為方式的。作者們著力推崇的也是這一家族，同時，自覺或不自覺地在排斥其他神性家族。特別是炎帝家族，在《山海經》中出場的次數相當少。如《北次三經》中提到「發鳩之山，其上多柘木。有鳥焉，其狀如烏，文首、白喙、赤足，名曰精衛，其鳴自詨。是炎帝之少女名曰女娃」；《大荒西經》提到「炎帝之孫名曰靈恝，靈恝生互人，是能上下於天」；《海內經》提到「炎帝之孫伯陵，伯陵同吳權之妻阿女緣婦，緣婦孕三年，是生鼓、延、殳。始為侯，鼓、延是始為鐘，為樂風」；「炎帝之妻，赤水之子聽訞生炎居，炎居生節並，節並生戲器，戲器生祝融。祝融降處於江水，生共工。共工生術器，術器首方顛，是復土穰，以處江水。共工生後土，後土生噎鳴，噎鳴生歲十有二」。大體上就是這樣一些材料。但由此也就不難理解祝融、共工他們為何被黃帝家族所征伐了。至於伏羲、女媧神話的隱沒，除了年代的久遠之外，更重要的原因恐怕還是由於他們在血緣上與黃帝家族離得較遠。當然，《山海經》的整理者在信仰觀念上對黃帝家族的尊崇，對於崑崙神話的厚愛，對於伏羲、女媧、炎帝家族和閒散在漫山遍野間各類山神水神的排斥，也是相當重要的原因。所以在先秦兩漢乃至於魏晉時期的一些典籍中，隨著社會發展和思想統治的相對鬆懈，除黃帝家族之外的神性集團的神話才逐漸恢復出豐富、系統、生動的具體面目。但古老的文化傳統對後世的影響是很大的，以至於在漫長的歲月中，整個中國古典神話系統都是以黃帝家族為中心的。像女媧神話等著名神話，在《淮南子》中其面目才清晰起來，更不用說盤古等大神，在《山海經》中就沒有明確提到，只在三國時期徐整編纂的《三五曆紀》等著作中才有清晰的面目。甚至可以說，戰國和秦漢時代的方士和學者對中國古代神話的這種傾向性較強的取捨，是中國古典神話材料大量流失的重要原因。

《山海經》的神話系統雖不是也不可能涵括全部中國古典神話系統，但它卻表現了中國整個神話世界的核心部分與基本面貌，是中國乃至全世界古代神話的一種典型。

貳、《山海經》的神話文化類型

神話類型是依據於一定的神性角色及其活動而對其總體特徵屬性所做的概括總結。各個民族有著不同的生成和發展背景，反映在神話中，也就有著不同的神話文化類型。中國神話文化的基本類型，在《山海經》中大體上都得到體現，總的來講有這樣幾種：世界生成和部落起源神話，民族遷徙神話，戰爭神話，洪水神話，太陽神話，文化創造神話，英雄神話，山嶽神話，海洋神話，巫術神話。其中，最生動的是英雄神話。當然，這些類型的劃分是相對的，在他們之間許多地方是相混合的。這也反映出遠古時期各部落集團間的複雜聯繫。

一、世界生成和部落起源神話

世界生成的神話幾乎遍佈世界各個民族之中，反映出原始先民對其所處世界及各種現象的認識和闡釋。這種神話類型在內容上具體包括天地形成及變化原因、人類起源等。中國古典神話中的世界生成神話內容豐富，在《山海經》的神話系統中雖沒有十分明確的體現，卻表現出一些端倪。如，《海外北經》載：「鐘山之神，名曰燭陰，視為晝，暝為夜，吹為冬，呼為夏，不飲，不食，不息，息為風。身長千里。在無啓之東。其為物，人面，蛇身，赤色，居鐘山下。」《大荒北經》載：「西北海之外，赤水之北，有章尾山。有神，人面蛇身而赤，直目正乘，其瞑乃晦，其視乃明，不食不寢不息，風雨是謁。是燭九陰，是謂燭龍。」這裡形象地闡釋了天地間關於白天、黑夜、風、冬天和夏天的形成原因。

部落起源神話常和世界生成神話連在一起。在《山海經》中，把部落與大自然的發展變化作為一個整體來描述的幾乎沒有，此書是以一種「××生××」的模式來說明部落起源的。當然，諸如具體的人類起源的神話，在《山海經》中也有表現，如《大荒西經》載：「有神十人，名曰女媧之腸，化為神，處栗廣之野；橫道而處。」郭璞將「女媧之腸」解釋為「或作女媧之腹」。也就是說，女媧生人的主題作為一種神話原型在這裡已經出現，但關於女媧摶土造人和補天的神話還是在《淮南子》和《風俗通義》中才有更為系統完整的解釋的。《山海經》中對部族起源的解釋更多的表達方式為「××生××」。這裡的「國」和某個具體的神人，我們都可以看做一個部落，此類內容之豐富是其他典籍所無法比擬的。

《大荒東經》所記：

「有中容之國。帝俊生中容，中容人食獸、木實，使四鳥：豹、虎、熊、羆。」

「有司幽之國。帝俊生晏龍，晏龍生司幽，司幽生思士，不妻；思女，不夫。食黍，食獸，是使四鳥。」

「有白民之國。帝俊生帝鴻，帝鴻生白民，白民銷姓，黍食，使四鳥：虎、豹、熊、羆。」

「有黑齒之國。帝俊生黑齒，姜姓，黍食，使四鳥。」

「東海之渚中，有神，人面鳥身，珥兩黃蛇，踐兩黃蛇，名曰禺虢。黃帝生禺虢，禺虢生禺京。」

「帝舜生戲，戲生搖民。」

《大荒南經》記：

「大荒之中，有不庭之山，榮水窮焉。有人三身，帝俊妻娥皇，生此三身之國，姚姓，黍食，使四鳥。」

「又有成山，甘水窮焉。有季禺之國，顓頊之子，食黍。」

「有襄山。又有重陰之山。有人食獸，曰季厘。帝俊生季厘，故曰季厘之國。有緡淵。少昊生倍伐，倍伐降處緡淵。」

「有臷民之國。帝舜生無淫，降臷處，是謂巫臷民。」「有國曰顓頊，生伯服，食黍。」

「有人焉，鳥喙，有翼，方捕魚於海。大荒之中，有人名曰驩頭。鯀妻士敬，士敬子曰炎融，生驩頭。」

《大荒西經》記：

「有國名曰淑士，顓頊之子。」「有西周之國，姬姓，食穀。有人方耕，名曰叔均。帝俊生后稷，稷降以百穀。稷之弟曰台璽，生叔均。叔均是代其父及稷播百穀，始作耕。」

「有北狄之國。黃帝之孫曰始均，始均生北狄。」

「有芒山。有桂山。有榣山，其上有人，號曰太子長琴。顓頊生老童，老童生祝融，祝融生太子長琴，是處榣山，始作樂風。」

「顓頊生老童，老童生重及黎，帝令重獻上天，令黎邛下地。下地是生噎，處於西極，以行日月星辰之行次。」

「有互人之國。炎帝之孫名曰靈恝，靈恝生互人，是能上下於天。」

《大荒北經》記：

「有叔歜國，顓頊之子，黍食……」

「有毛民之國，依姓，食黍，使四鳥。禹生均國，均國生役采，役采生修鞈，修鞈殺綽人。帝念之，潛之為國，是此毛民。」

「大荒之中，有山名曰成都載天。有人珥兩黃蛇，把兩黃蛇，名曰夸父。後土生信，信生夸父。」

「大荒之中，有山名曰融父山，順水入焉。有人名曰犬戎。黃帝生苗龍，苗龍生融吾，融吾生弄明，弄明生白犬，白犬有牝牡，是為犬戎，肉食。」

「有人一目，當面中生。一曰是威姓，少昊之子，食黍。」

「西北海外，流沙之東，有國曰中車扁，顓頊之子，食黍。」

「西北海外，黑水之北，有人有翼，名曰苗民。顓頊生驩頭，驩頭生苗民，苗民厘姓，食肉。」

《海內經》記：

「流沙之東，黑水之西，有朝雲之國、司彘之國。黃帝妻雷祖，生昌意。昌意降處若水，生韓流。韓流……取淖子曰阿女，生帝顓頊。」

「西南有巴國。大皞生咸鳥，咸鳥生乘厘，乘厘生後照，後照是始為巴人。」

「伯夷父生西嶽，西嶽生先龍，先龍是始生氐羌，氐羌乞姓。」

「炎帝之孫伯陵，伯陵同吳權之妻阿女緣婦，緣婦孕三年，是生鼓、延、殳。始為侯，鼓、延是始為鐘，為樂風。」

「黃帝生駱明，駱明生白馬，白馬是為鯀。」

「帝俊生禺號，禺號生淫梁，淫梁生番禺，是始為舟。番禺生奚仲，奚仲生吉光……」

「少皞生般，般是始為弓矢。」

「帝俊生晏龍，晏龍是為琴瑟。」

「帝俊生三身，三身生義均，義均是始為巧倕，是始作下民百巧。」

「炎帝之妻，赤水之子聽訞生炎居，炎居生節並，節並生戲器，戲器生祝融。祝融降處於江水，生共工。共工生術器，術器首方顛，是復土穰，以處江水。共工生後土，後土生噎鳴，噎鳴生歲十有二。」

這裡，可以看到帝俊、帝舜、顓頊、鯀、黃帝、炎帝、大皞、伯夷父、少皞他們所「生育」的特殊意義，即對更廣大的部落的繁衍。部落起源在這裡得到十分鮮明的顯示；當然，每個被「生」的部落，肯定還有著絢麗多彩的神話故事，它們與《山海經》中所突出的黃帝族神話群、崑崙西王母神話群、炎帝等神話群、各山山神神話群，即所謂的神話「四大家族」相融為一體，使中華民族的神話顯得格外的耀眼奪目，成為後世文化發展的重要源頭。

二、民族遷徙神話

在中國古典神話中，民族遷徙的主題常被人所忽視。它給人一種印象，即只有在邊疆地區的兄弟民族的史詩中，才有這樣的主題。其實，這在《山海經》中就已經有所表現，最典型的就是夸父族的追日。

夸父族是一個善於奔走的民族。《西次三經》中提到「有獸焉，其狀如禺而文臂，豹虎而善投，名曰舉父（郭璞注『或曰夸父』）」，《東山經》中提到「有獸焉，其狀如夸父而彘毛，其音如呼，見則天下大水」，《北次二經》提到「有鳥焉，其狀如夸父，四翼、一目、犬尾，名曰囂，其音如鵲，食之已腹痛，可以止衕」，《中次六經》中提到「又西九十里，曰夸父之山，其木多棕枬，多竹箭，其獸多㸲牛、羬羊，其鳥多鷩，其陽多玉，其陰多鐵。其北有林焉，名曰桃林，是廣員三百里，其中多馬」。夸父山，夸父獸，夸父鳥，都表明夸父族的非凡，透露出夸父族的堅毅、勇猛。《海外北經》載：「夸父與日逐走，入日。渴欲得飲，飲於河渭，河渭不足，北飲大澤。未至，道渴而死。棄其杖，化為鄧林。」《大荒北經》載：「夸父不量力，欲追日景，逮之于禺谷。將飲河而不足也，將走大澤，未至，死於此。應龍已殺蚩尤，又殺夸父，及去南方處之，故南方多雨。」其中提到夸父追日的路線，河水、渭水是兩個重要地點。大澤在何處？在《山海經》中有兩處大澤。《海內西經》載：「大澤方百里，群鳥所生及所解。在雁門北。」《大荒北經》載：「有大澤方千里，群鳥所解。」畢沅在《山海經新校正》中講，大澤即古之瀚海。顯然，這樣一處廣闊的土地，與河水、渭水有相當遠的距離。禺谷，郭璞注為「禺淵」「日所入也」。這都是行進的地點。死於大澤並不重要，重要的在於「應龍已殺蚩尤，又殺夸父」。這表明夸父族為應龍部族所迫，進行艱難跋涉，逃亡奔向大澤的「長征」。《山海經》描述事物多為靜止的陳述，即何處有何物，像這樣描述遷徙進程的很少。《山海經》神話充滿悲壯與輝煌，影響後世堅忍不拔、堅強不屈的民族性格與民族精神。

應該說，一個民族的追日絕不是偶然的，它既不是少見多怪的嬉戲，也不是測量日影的文化創造，而是為了部族生存所進行的大遷徙。這樣的內容在許多少數兄弟民族的神話和史詩中是相當普遍的現象。它應該是歷史文化的折射。

三、戰爭神話

在神話傳說中，戰爭是常見的主題。不同的民族有不同的發展道路，其中，發展的過程常常就包含著戰爭的內容。《山海經》中的戰爭，內容異常豐富，反映出部族間的征殺，同時，從總體上看來，也反映出黃帝族統一世界的複雜進程。

如《海外南經》載：「羿與鑿齒戰于壽華之野，羿射殺之。在崑崙虛東。羿持弓矢，鑿齒持盾。一曰戈。」

《海外西經》載：「刑天與帝至此爭神，帝斷其首，葬之常羊之山。乃以乳為目，以臍為口，操干戚以舞。」

《海外北經》載：「共工之臣曰相柳氏，九首，以食於九山。相柳之所抵，厥為澤溪。禹殺相柳，其血腥，不可以樹五穀種。禹厥之，三仞三沮，乃以為眾帝之台。在崑崙之北；柔利之東。相柳者，九首人面，蛇身而青。不敢北射，畏共工之台。台在其東。台四方，隅有一蛇，虎色，首沖南方。」

《海內西經》載：「貳負之臣曰危，危與貳負殺窫窳。帝乃梏之疏屬之山，桎其右足，反縛兩手與發，系之山上木。在開題西北。」

《大荒東經》載：

「有困民國，勾姓而食。有人曰王亥，兩手操鳥，方食其頭。王亥托于有易、河伯僕牛。有易殺王亥，取僕牛。河念有易，有易潛出，為國于獸，方食之，名曰搖民。帝舜生戲，戲生搖民。」

「大荒東北隅中，有山名曰凶犁土丘。應龍處南極，殺蚩尤與夸父，不得復上，故下數旱。旱而為應龍之狀，乃得大雨。」

《大荒南經》載：「有人曰鑿齒，羿殺之。」

《大荒西經》載：「有人無首，操戈盾立，名曰夏耕之屍。故成湯伐夏桀于章山，克之，斬耕厥前。耕既立，無首，厥咎，乃降於巫山。」

《大荒北經》載：

「共工臣名曰相繇，九首蛇身，自環，食於九土。其所鳥欠所尼，即為源澤，不辛乃苦，百獸莫能處。禹湮洪水，殺相繇，其血腥臭，不可生穀；其地多水，不可居也。禹湮之，三仞三沮，乃以為池，群帝因是以為台。在崑崙之北。」

「有系昆之山者，有共工之台，射者不敢北鄉。有人衣青衣，名曰黃帝女魃。蚩尤作兵伐黃帝，黃帝乃令應龍攻之冀州之野。應龍畜水。蚩尤請風伯雨師，縱大風雨。黃帝乃下天女曰魃，雨止，遂殺蚩尤。魃不得復上，所居不雨。」

《海內經》載：「洪水滔天。鯀竊帝之息壤以堙洪水，不待帝命。帝令祝融殺鯀於羽郊。鯀復生禹。帝乃命禹卒布土以定九州。」

《西次三經》載：「又西北四百二十里，曰鐘山。其子曰鼓，其狀如人面而龍身，是與欽䲹殺葆江于崑崙之陽，帝乃戮之鐘山之東曰嶢（yao）崖。」

其中，規模最大的戰爭為黃帝戰蚩尤。黃帝聯合了應龍和魃兩支力量，才打敗了蚩尤，可見戰爭經歷的時間之久。其次是大禹部族與共工部族之間的戰爭。禹打敗了相繇，血流成河，「其血腥臭，不可生穀」，讓人感覺到戰爭的殘酷，再者為刑天與帝的爭神。刑天失去首，仍然「以乳為目，以臍為口」，繼續進行殊死的鬥爭，可見其堅忍不拔的拼殺精神。其他像羿與鑿齒之戰，貳負與窫窳之戰，有易與王亥之戰，成湯與夏桀之戰，祝融與鯀之戰，欽䲹與葆江之戰，這些戰爭都反映出部族間的攻伐。

戰爭孕育了英雄，許多戰神都可以看做英雄神。這裡應該重視的是，在《山海經》戰爭神話中，交戰的雙方只有力量的懸殊和具體的勝敗，而沒有明顯的是非觀念。沒有對戰爭性質的評價。這是中國古典神話的重要特徵。儘管其中因為有「帝」的參加，戰爭的格局得到改變，但仍然沒有對失敗者的譴責和詰難，從而顯示出質樸的原始神話本色。這也正是《山海經》神話的特色。由此我們可以聯想到古希臘神話中的戰神阿瑞斯等神話的特點，其更多的是單槍匹馬，或戰爭由雙方的眾神參與而讓人具體交戰，特別是《荷馬史詩》中由金蘋果所引發的戰爭，表現了對力量的崇尚。而以《山海經》為代表的中國古典神話，則沒有崇尚，只有對勝敗的描述，對征伐過程的描述。在一些篇章中，自然界的變化被描繪成戰爭引起的結果。雖然《山海經》神話有許多地方顯得零亂，沒有古希臘神話那樣嚴謹細膩，但它的內涵同樣是豐富的，它以獨有的特色屹立於世界各民族神話之林，顯現出自己的文化個性。

四、洪水神話

原始先民對洪水的認識和表述，體現了他們自身的實際感受。在《山海經》中，洪水的內容並不很多，主要有兩大類：一是鯀禹神話中的戰洪水，均定九州，一是許多神怪現象引起大水的闡釋性揭示。這裡，非常明顯地表現出中國洪水神話的個性特徵，即希伯萊神話等天帝降水對人罰罪的情結在這裡毫無蹤影。它表現出中國原始先民的特有的思維方式和認識習慣。這裡，典型的洪水神話當數兩處：

一是《海內經》寫道：「洪水滔天。鯀竊帝之息壤以堙洪水，不待帝命。帝令祝融殺鯀於羽郊。鯀復生禹。帝乃命禹卒布土以定九州。」

一是《大荒北經》寫道：「共工臣名曰相繇，九首蛇身，自環，食於九土。其所鳥欠所尼，即為源澤，不辛乃苦，百獸莫能處。禹湮洪水，殺相繇，其血腥臭，不可生穀；其地多水，不可居也。禹湮之，三仞三沮，乃以為池，群帝因是以為台。在崑崙之北。」

在《海內經》中的洪水和在《大荒北經》中的洪水是不盡相同的。前者洪水是作為一種背景存在，甚至直接威脅到了天帝，才有了帝命的情節而生發出鯀治水事業失敗的悲劇，接著是禹繼承父業，繼續與洪水搏鬥；後者的洪水卻是由相繇造成的。這樣，禹與洪水的戰鬥就是與相繇的戰鬥——相繇的血又成為毀壞五穀的災難之源，於是，就有了禹「三仞三沮」的艱辛努力，最後「乃以為池」，利用池泥為群帝造就神台而結束。洪水神話的主角在這兩處材料中都是禹，結局也大致相同，一個是「卒布土以定九州」，一個是「乃以為池，群帝因是以為台」，總之，都是平息了洪水。

洪水是遠古人民記憶中最深刻的大事件，大災難。作為當時人們難以抵擋的大劫難，各民族的神話中常常把這劫難作為改天換地的轉折，於是就有了借助於某種工具而留下倖存者，倖存者又繼續造就人類的神話模式。這種模式在《山海經》中不存在的原因是多方面的，我們覺得最重要的原因是記錄手段問題。經過許多神話學、民間文化學的學者努力，現在在中原地區和邊疆地區都搜集到此類洪水神話，這絕不是偶然的，應該說，其傳承意義是相當重要的因素。此問題在其他章節中將繼續論述。

在《山經》的許多章節中，我們把那些奇鳥怪獸所引發的大水現象，也看做洪水神話。如《西次四經》中的「嬴魚，魚身而鳥翼，音如鴛鴦，見則其邑大水」，《東山經》中的「有獸焉，其狀如夸父而彘毛，其音如呼，見則天下大水」，《東次二經》中的「有獸焉，其狀如牛而虎文，其音如欽，其名曰軨軨，其鳴自叫，見則天下大水」，《東次三經》中的「是神也，見則風雨水為敗」，《東次四經》中的「是獸也，食人，亦食蟲蛇，見則天下大水」，《中次三經》中的「有獸焉，其狀如白鹿而四角，名曰夫諸，見則其邑大水」等。這裡的大水，其實就意味著洪水，它蘊涵著這樣一種因素，洪水就是這些神、神魚、神獸所引發的。而它們為何能引發大水呢？顯然，這與那些見則「其邑大旱」等現象一樣，具有更為複雜的巫術意義。也正是這樣眾多的洪水神話類型，表現出中華民族遠古神話的具體特色。

五、太陽神話

太陽崇拜是遠古人民精神生活中一個異常重要的內容。可以說，在所有的古老的部落中都有太陽崇拜的神話存在。在《山海經》中，太陽神話的內容尤為豐富。如：

《海外西經》載：「女醜之屍，生而十日炙殺之。在丈夫北。以右手鄣其面。十日居上，女醜居山之上。」

《海外北經》載：「夸父與日逐走，入日。渴欲得飲，飲於河渭，河渭不足，北飲大澤。未至，道渴而死。棄其杖。化為鄧林。」

《海外東經》載：「下有湯谷。湯谷上有扶桑，十日所浴，在黑齒北。居水中，有大木，九日居下枝，一日居上枝。」

《大荒東經》載：

「大荒中有山，名曰明星，日月所出。」

「大荒之中，有山名曰鞠陵於天、東極、離瞀，日月所出。」

「大荒之中，有山名曰孽搖頵羝。上有扶木，柱三百里，其葉如芥。有谷曰溫源谷。湯谷上有扶木，一日方至，一日方出，皆載于烏。」

「大荒之中，有山名曰猗天蘇門，日月所生。」

「東荒之中，有山名曰壑明俊疾，日月所出。」

「有女和月母之國。有人名曰——北方曰鳧，來之風曰㷋——是處東極隅以止日月，使無相間出沒，司其短長。」

《大荒南經》載：「東南海之外，甘水之間，有羲和之國。有女子名曰羲和，方日浴于甘淵。羲和者，帝俊之妻，生十日。」

《大荒西經》載：

「有人名曰石夷，來風曰韋，處西北隅以司日月之長短。」

「西海之外，大荒之中，有方山者，上有青樹，名曰櫃格之松，日月所出入也。」

「大荒之中，有山名曰豐沮玉門，日月所入。」

「大荒之中，有龍山，日月所入。有三澤水，名曰三淖，昆吾之所食也。」

「大荒之中，有山名曰日月山，天樞也。吳姖天門，日月所入。有神，人面無臂，兩足反屬於頭山，名曰噓。顓頊生老童，老童生重及黎，帝令重獻上天，令黎邛下地。下地是生噎，處於西極，以行日月星辰之行次。」

「大荒之中，有山名曰鏖鏊鉅，日月所入者。」

「大荒之中，有山名曰常陽之山，日月所入。」

「有壽麻之國。南嶽娶州山女，名曰女虔，女虔生季格，季格生壽麻。壽麻正立無景，疾呼無響。爰有大暑，不可以往。」

「大荒之中，有山，名曰大荒之山，日月所入。有人焉三面，是顓頊之子，三面一臂，三面之人不死。是謂大荒之野。」

《大荒北經》載：「大荒之中，有山名曰成都載天。有人珥兩黃蛇，把兩黃蛇，名曰夸父。後土生信，信生夸父。夸父不量力，欲追日景，逮之于禺穀。將飲河而不足也，將走大澤，未至，死於此。應龍已殺蚩尤。又殺夸父，乃去南方處之，故南方多雨。」

《海內經》中有「帝俊賜羿彤弓素矢曾，以扶下國，羿是始去恤下地之百艱」，羿曾射殺鑿齒，也曾射日，這裡是否包含有射日的隱喻，值得人去思索。當然，射鑿齒是主要的，但也不排除射日的因素。此問題另處詳述，此略。

《山海經》中記述日月，主要是記述太陽神話的內容還有許多，如太皞本來就是太陽神，在

《海內經》中有行動的蹤跡，但卻並沒有點明。

《山海經》中的太陽神話，在內容上可以分為這樣幾大類：太陽的生成（如《大荒南經》中「羲和者，帝俊之妻，生十日」）；太陽的出入（如《大荒西經》中「櫃格之松」等處「日月所出入也」句）；對太陽的測量（如《大荒西經》中「壽麻正立無景」）；管理太陽（如《大荒西經》中「石夷」的「司日月之長短」）；對太陽起居棲息的認識（如《海外東經》的「湯谷上有扶桑，十日所浴」）；追日（如《海外北經》和《大荒西經》中的「夸父與日逐走」）；太陽殺人（如《海外西經》的「女醜之屍，生而十日炙殺之」）；太陽鳥（如《大荒東經》中的「一日方至，一日方出，皆載于烏」）。這裡的太陽神沒有希臘神話中阿波羅那樣恣肆，而是顯得溫和、樸實，成為帝俊家的小兒，而且有十位，這是祖先對太陽崇拜的表述中所體現出的天體觀念、方位觀念、時空觀念的綜合，同時，它也反映出遠古人民不畏艱難的追求和探索精神。尤其是其中的夸父追日神話，那種犧牲精神更突出地表現出其英雄無畏的本色。太陽神話的生活化即世俗化，成為中國太陽神話的重要特徵——日可以生，也可以控制，既能探索太陽，又能掌握太陽，太陽成為神人家族普通的一員。其中的扶桑樹和甘淵、湯谷，可以稱為太陽神樹、神水。這是包容了山、水、樹木、鳥和人的一個龐大的太陽神家族。關於《山海經》中的太陽崇拜對後世文化的影響，將在另處述及。

六、文化創造神話

神話的產生本身就是文明的象徵，但它畢竟屬於蒙昧的認知，在神話中融入大量的文化創造的內容，則標誌著遠古人民的認識能力、創造能力和思維能力、審美水準的不斷提高。

在《山海經》中，文化創造神話集中體現在《海內經》中：

「炎帝之孫伯陵，伯陵同吳權之妻阿女緣婦，緣婦孕三年，是生鼓、延、殳。始為侯，鼓、延是始為鐘，為樂風。」

「帝俊生禺號，禺號生淫梁，淫梁生番禺，是始為舟。番禺生奚仲，奚仲生吉光，吉光是始以木為車。」

「少皞生般，般是始為弓矢。」

「帝俊生晏龍，晏龍是為琴瑟。」

「帝俊有子八人，是始為歌舞。」

「帝俊生三身，三身生義均，義均是始為巧倕，是始作下民百巧。后稷是播百穀。稷之孫曰叔均，是始作牛耕。大比赤陰，是始為國。禹，鯀是始布土，均定九州。」

「共工生後土，後土生噎鳴，噎鳴生歲十有二。」

其他如《大荒西經》中述：

「有芒山。有桂山。有榣山，其上有人，號曰太子長琴。顓頊生老童，老童生祝融，祝融生太子長琴，是處榣山，始作樂風。」

「壽麻正立無景，疾呼無響。」

「西南海之外，赤水之南，流沙之西，有人珥兩青蛇，乘兩龍，名曰夏後開。開上三嬪於天，得《九辯》與《九歌》以下。此天穆之野，高二千仞，開焉得始歌《九招》。」

《海外東經》中述：「帝令豎亥步，自東極至於西極，五億十選九千八百步。豎亥右手把算，左手指青丘北。一曰禹令豎亥。一曰五億十萬九千八百步。」

《海外西經》中述：「大樂之野，夏後啟於此儛九代，乘兩龍，雲蓋三層。左手操翳，右手操環，佩玉璜。在大運山北。一曰大遺之野。」

在這些文化創造活動中，我們可以看到相當廣泛的文化創造內容，既有物質文化，又有精神文化。如，其中的「鐘」、「樂風」、「琴瑟」、「歌舞」、「《九辯》與《九招》」和「儛九代」，是一套詳備的藝術，可以把這些內容稱做音樂文明，而「舟」、「車」、「弓矢」、「百巧」屬於生產工具文明（生產工具的發明代表著科學技術的萌動），壽麻測日影和噎鳴生歲十有二（即發明一年有十二個月的曆法）屬於天文文化，后稷播「百穀」、叔均作「牛耕」，是典型的農業文明，而大比赤陰的建立國家和鯀、禹的「布土」、「均定」九州，代表著制度文化和政治文明，豎亥「步」，「算」，測量山河，我們可以看做地理學的萌動。這些文化創造的意義在於它們表現出遠古人民在長期的生活、生產實踐中的勤奮探索，它們孕育了後世更為發達的科學文化事業。因此，可以說《山海經》是神話之源，也是文化之源，科學之源。當然，其中的音樂文化、農耕文化、天文文化等文明現象的創造絕不是神話中所說的某一個人所能完成的，而是千百萬勞動者共同的心血結晶，當然並不否認某些傑出的歷史人物所做出的特殊貢獻。在古代的神話傳說和歷史描述中，文化創造常屬於聖賢的專利，這一方面表現出對傑出人物的肯定——對其勞動的認可，另一方面更突出地表現出中華民族對文化創造的神聖的情感態度。

七、英雄神話

英雄崇拜和太陽崇拜一樣，是世界各民族神話中最為普遍的信仰現象，甚至可以說，離開了英雄的活動，神話就不再存在。英雄即神性英雄是神話中最動人的內容，它不像神性帝王那樣給人以威嚴無比的感覺，而是獨具鮮明的個性，以某種功勳成為自己的神性標誌。英雄神的個性也就時常在那些驚心動魄的事件中層現出來。所謂英雄，一方面在於個性的突出，另一方面，其更重要的意義在於有無畏的品格。無畏、勇敢地拼搏、抗爭，是英雄神的個性形成的核心內容，當然，英雄還要代表著正義、公平，不能為患於人間。事實上，判斷神話中的英雄的思維活動，往往融合了人們審美分析和道德評價的雙重因素。在《山海經》中，英雄神的形象主要在人與自然、人與人的交往中表現出堅忍不拔、無畏抗爭、敢於犧牲、寧死不屈等個性特徵，如：

《海外西經》所述：「刑天與帝至此爭神，帝斷其首，葬之常羊之山。乃以乳為目，以臍為口，操干戚以舞。」

《海外北經》所述：「夸父與日逐走，入日。渴欲得飲，飲於河渭，河渭不足，北飲大澤。未至，道渴而死。棄其杖。化為鄧林。」

《大荒北經》所述：「蚩尤作兵伐黃帝，黃帝乃令應龍攻之冀州之野。應龍畜水。蚩尤請風伯雨師，縱大風雨。黃帝乃下天女曰魃，雨止，遂殺蚩尤。」

《海內經》所述：「洪水滔天。鯀竊帝之息壤以堙洪水，不待帝命。帝令祝融殺鯀於羽郊。鯀復生禹。帝乃命禹卒布土以定九州。」

《北次三經》所述：「又北二百里，曰發鳩之山，其上多柘木。有鳥焉，其狀如烏，文首、白喙、赤足，名曰精衛，其鳴自詨。是炎帝之少女名曰女娃，女娃游於東海，溺而不返，故為精衛。常銜西山之木石，以堙於東海。」

《大荒東經》所述：「東海中有流波山，入海七千里。其上有獸，狀如牛，蒼身而無角，一足，出入水則必風雨，其光如日月，其聲如雷，其名曰夔。黃帝得之，以其皮為鼓，橛以雷獸之骨，聲聞五百里，以威天下。」

從以上描述可以看到，英雄神的類型又可分為戰爭英雄（如刑天、蚩尤）、治水英雄（鯀、禹）、性格英雄（夸父、精衛，夔等）三類，其絕大部分的英雄神都以悲劇形成自己的具體個性。刑天的悲劇是為天帝所殺，但他「以乳為目，以臍為口」，則顯示出不屈的個性；蚩尤雖為魃所殺，卻不是黃帝和應龍所能夠征服的，同樣具有堅韌的個性；鯀因竊帝之息壤而為祝融所殺，他也沒有屈服，其「腹」生禹，使治水事業繼續進行，更顯其無私無畏的剛毅；夸父要與太陽競走，是人類生命的悲壯的展示，雖渴死於路途，終究以鄧林的蔥蘢顯示其不息的生機；精衛以微弱的力量擔負起堙平大海的重任，當是不畏懼強大，勇敢的挑戰者形象；夔的力量是雄壯的，雖然被黃帝所「得」，即殺伐，但它的靈魂仍然發出昂揚的聲音，能震撼天下。所有這些英雄神都以悲壯和崇高來張揚自己的個性，都具有雖死猶生的不屈志氣和品格，都有各自神聖不可侵犯、不能辱沒的尊嚴。這些神話之所以能在後世流傳，最重要的原因恐怕還是這些英雄神所體現出的民族氣節，不斷激勵和鼓舞著後世人民去拼搏進取。特別是在民族危亡的關頭，它成為民族抗爭強暴，驅逐邪惡的精神支柱。更不用說一些仁人志士常以這類英雄神自喻，以陶冶自己的品格和情操了，如陶淵明就有「刑天舞干戚，猛志固常在」的詩句（《讀〈山海經〉十三首》，《陶淵明集》，中華書局一九七九年版），更有秋瑾等近代愛國英雄以精衛自比的《精衛石》等光輝篇章。而在《山海經》中被羿射殺的鑿齒、被禹殺的相柳（相繇）、被太陽炙殺的女醜、被有易所殺的王亥等神性角色，雖然也有抗爭的成分，但沒有成為英雄神，這就是在前面所講的，英雄神不但要有突出的性格，而且要有品格，既是力量的代表，又是品格的代表，有美的理想的形象化的個性，能引起人情感上的共鳴。也就是說，《山海經》不但影響到中華民族的思維格局，而且深刻地影響到審美的道德的個性塑造方式，使中華民族具有崇尚正義和力量的光榮傳統。

八、山嶽神話

《山海經》中的山嶽處處都閃爍著神話的靈光，在崇山峻嶺間，充斥著神性的光輝。僅以《山經》為例，《南山經》「大小凡四十山，萬六千三百八十里」，《西山經廣凡七十七山，一萬七千五百一十七里」，《北山經》「凡八十七山，二萬三千二百三十里」，《東山經》「凡四十六山，萬八千八百六十里」，《中山經》「大凡百九十七山，二萬一千三百七十一里」，總計四四七座。又如《中山經》末所舉「禹曰：天下名山，經五千三百七十山，六萬四千五十六里，居地也……天地之東西二萬八千里，南北二萬六千里，出水之山者八千里，受水者八千里」，以及「出銅」、「出鐵」者。這些內容都體現出古代神話的方位觀念和靈魂觀念。可以把這些大大小小的神山及其山間奔騰的河流、奔跑的鳥獸魚蟲、挺立的草木等大大小小的精靈，統稱為山嶽神話。

《山海經》中，縱橫的山嶽裡，幾乎每一座山都有神靈守護，而每一條河流又都源於這些山嶽，同樣，那些神樹、神鳥、神蟲、神魚、神獸、神人、神草、神實、神龜等神靈都以特有的生命形態放射出遠古神話瑰麗的光芒。這片天地的神靈又是由帝所統攝而各守其職，各盡其責的，展示出密密麻麻的神話群。在這些神話群中，可以看到這樣一些特點：方位觀念成為維繫神話的基本結構；圖騰形態的多樣化成為神話的外部特徵；如歌謠般的行板式旋律成為其特有的神話敘述方式。

第一，方位觀念成為維繫神話的基本結構。

《山海經》中的方位觀念最典型的體現在東西南北四方神上，如：

《海外南經》：「南方祝融，獸身人面，乘兩龍。」

《海外西經》：「西方蓐收，左耳有蛇，乘兩龍。」

《海外北經》：「北方禺強，人面鳥身，珥兩青蛇。踐兩青蛇。」

《海外東經》：「東方句芒，鳥身人面，乘兩龍。」

最為典型的是崑崙山在《山海經》中的方位描述。以崑崙為中心，集中了許多重要的神話群或稱為神性部落、神性集團。如《海內西經》中的崑崙之虛，為「帝之下都」，其「方八百里，高萬仞。上有木禾，長五尋，大五圍。面有九井，以玉為檻。面有九門，門有開明獸守之，百神之所在，在八隅之岩，赤水之際，非仁羿莫能上岡之岩」。在開明的東西南北，又分別有鳳、五樹、巫彭、樹鳥等物，形成一個繁華無比的神界天地。這裡不但有東南西北四方位，還有「西北」、「西南」等方位，以及「東之東」、「西之西」等方位。如「赤水出東南隅，以行其東北」、「海內崑崙之虛，在西北」、「弱水、青水出西南隅，以東，又北，又西南，過畢方鳥東」和「開明獸身大類虎而九首，皆人面，東向立崑崙上」等。

此外，還有上、下的方位，如《大荒東經》寫道：「東海之外大壑，少昊之國。少昊孺帝顓頊於此，棄其琴瑟」，「大荒之中，有山名曰孽搖頵羝。上有扶木，柱三百里，其葉如芥。有谷曰溫源谷。湯谷上有扶木，一日方至，一日方出，皆載于烏」，「有五采之鳥，相鄉棄沙。惟帝俊下友。帝下兩壇，采鳥是司」。

這裡的空間方位是由上下組成的，從而將上方的天帝等神（如帝俊）與世間或下界的神聯繫在一起。其實，它反映出天、地、人三界相聯的方位觀念。此類材料還有《大荒北經》中禹殺相繇「三仞三沮，乃以為池，群帝因是以為台」等，讓我們看到在整個神話世界中各種神性角色的具體位置。

在《大荒西經》中有「炎帝之孫名曰靈恝，靈恝生互人，是能上下於天」，及「日月所入」的山巒，「壽麻正立無景」，「有軒轅之台，射者不敢西向射，畏軒轅之台」等，表明神使「互人」將天界與地界相連接，並反映入對太陽、神台的動態觀察等內容。將此與舜等帝王葬之山之「陰」或「陽」等材料相聯繫，可以說，這種方位觀念與戰國兩漢時代的五行觀念應該是有著一定聯繫的。也就是說，《山海經》不但是神話之源，而且是哲學之源，它包含著遠古人民樸素的哲理觀念，並孕育了後世人文哲學的基本內容。

第二，圖騰形態的多樣化成為神話的外部特徵。

圖騰（totem）是外來語，《簡明不列顛百科全書》解釋為：「圖騰是標誌或象徵某一群體或個人的一種動物、植物或其他物件。」圖騰崇拜（totemism）則被解釋為：「相信人與某一圖騰有親緣關係；或相信一個群體或個人與某一圖騰有神秘關係的信仰。」中華民族是融合了許多民族的大家庭，在歷史的發展中，包含著許多圖騰文化，人們通常以為，龍是中華民族的總圖騰，故中華民族有龍的子孫之稱。事實上，龍的形狀本身就包蘊著許多更為細微的圖騰單位，例如豕（豬）、鹿、馬、雞等動物圖騰符號，綜合成為龍圖騰的典型形象。在《山海經》中，所有具有生命的動物包括神人，都有多種動物的特徵，這是圖騰形態多樣化的具體表現。它體現出在社會發展中，各部落間的生存狀況及其相互間的聯繫。應該指出的是，各種具有神話意義的山神、水神、樹木之神，以及各國之民，他們的形狀常以怪異出現，每一種形狀在事實上我們都可以看做一個生命符號，是一個圖騰單位。在每一種怪異的形狀背後，都蘊涵著一個部落氏族的文化。

首先是四方之神，他們或踐蛇，或乘龍，若把他們看做四方的部落，那麼這些部落的圖騰徽幟就是龍或蛇。圖騰崇拜離不開靈魂不滅這個思想基礎，即在先民信仰中，泛神信仰是一種普遍現象。由此，遠古人民以為每一種事物即自然物的存在，都是由神性操縱的，所以就有大大小小的山神、樹神、水神，鳥神、人神等神性角色。以《山海經》的《中山經》為例，可以清楚地看到，甘棗之山山神為杻木，「其狀如虒（鼣）鼠而文題」，渠豬之山和渠豬之水有神魚「豪魚」，「狀如鮪，赤喙尾赤羽」；霍山山神獸「其狀如狸，而白尾有鬣」；鮮山鳴蛇之神「其狀如蛇而四翼，其音如磬」；陽山之神「叱呼」，「其狀如人面而豺身，鳥翼而蛇行」；蔓渠之山神馬腹，「其狀如人面虎身，其音如嬰兒」；輝諸之山至蔓渠之山「凡九山」，「其神皆人面而鳥身」；敖岸之山神夫諸，「其狀如白鹿而四角」；青要之山神武羅，「其狀如人面而豹文，小要而白齒，而穿耳以鏧，其鳴如鳴玉」，騩山正回之水有神魚「其狀如豚而赤文」，和山之神泰逢，「其狀如人而虎尾……出入有光」；釐山之神犀渠，「其狀如牛，蒼身，其音如嬰兒」；滽滽之水神擷，「其狀如獳犬而有鱗，其毛如彘鬣」；白鹿蹄之山至玄扈之山「凡九山」，「其神狀皆人面獸身」；首山神馱鳥，「其狀如梟而三目。有耳，其音如錄」，平逢之山驕蟲，「其狀如人而二首」，密山豪水神龜，「其狀鳥首而鱉尾，其音如判木」，傅山厭染之水「其中多人魚」；休輿之山至大騩之山「凡十有九山」，十六山神「皆豕身而人面」；驕山神「鼉圍處之」，「其狀如人面，羊角虎爪」；岐山神涉鼉，「其狀人身而方面三足」；景山至琴鼓之山，「凡二十三山」，「其神狀皆鳥身而人面」；女幾山至賈超之山神，「皆馬身而龍首」；首山至丙山「凡九山」，山神狀「皆龍身而人面」；翼望之山至幾山，「凡四十八山」，「其神狀皆彘身人首」；夫夫之山神于兒，「其狀人身而身操兩蛇，常游于江淵，出入有光」；篇遇之山至榮餘之山，「凡十五山」，「其神狀皆鳥身而龍首」等等。

各山之神在圖騰上具體表現為「人面鳥身」、「人面虎身」、「人面豹文」、「人身虎尾」、「人面獸身」、「人面豕身」、「人面而羊角虎爪」、「人面龍身」、「人面彘身」、「馬身而龍首」、「人身而方面三足」、「鳥神而龍首」、「如人而二首」、「如梟而三目」、「鳥身而鱉尾」、「人魚」等。應該說，這裡的虎、龍、鳥、豕、羊、豹、蛇、鱉等動物就是居於山地部族的圖騰徽幟。這些動物的圖騰形狀就是神話的一部分，從而構成神話的外部特徵。而更為典型的山嶽神圖騰現象，還有崑崙山。

第三，如歌謠般的行板式旋律成為其特有的神話敘述方式。

或以為《山海經》中有歌舞和戲曲的蹤影。這是我的猜測，也是一種感覺。應該說，在《山海經》的時代，戲曲是可能存在的；這就是原始歌舞為表現特色的戲曲狀態。這絲毫不牽強。

什麼是戲曲？如王國維在《戲曲考原》所說「戲曲者，謂以歌舞演故事也」。山嶽神話的敘述語言有著內在的旋律，如行板一般，表現出音樂美感。這種敘述方式形成整個《山海經》的語言特色。如整個《山經》分為五個部分，按東西南北中排列。每一部分的開頭一般為「×山經之首曰×山」，然後分述其他山時，語句多為「又×（方向）×百里」，即以百里為基本單位。語句多短而整齊，中間為「其中多×（獸或樹）」，「有×焉，其狀如×而××」。若與《詩經》中的詩歌相比較，就會看到兩者都有對稱、節奏明快等共同的樂感特徵。甚至還可以想像，古代的巫師或方士是在怎樣演唱《山海經》這部神話經典的。這種抑揚頓挫、鏗鏘有力的句式，十分整齊的節拍，是典型的詩歌語言形式，只不過還糅合進誦式的述說罷了，它與《江格爾》、《格薩爾》、《瑪納斯》等民族史詩的結構方式有著驚人的相似之處。所以，再一次斷言，《山海經》應該是中國上古時代的史詩彙編。從其內容和句式上都可看到這些痕跡。

九、「海洋」神話

對海洋的認識和表現，在中國古代神話典籍中惟《山海經》最為突出。這不僅是因為該書本身就是山地與海域的有關內容的融會之作，而更重要的還在於它典型地表現出遠古祖先獨特的海洋觀念。把這些以海神面目出現，生存在海域或以海為背景的神性角色內容稱為海洋神話。特別需要指出的是，《山海經》中的海並非全是現代地理學意義上的海，而是生命存在的一種環境，既有真實的海，又有虛幻的海，還有特殊的海——遠方的土地。當然，海洋神話的實質在於表現出遠古人民的海洋觀念。

海的存在，在《山海經》集中在除《山經》之外的各篇章中，它細分為海外、海內兩大部分。海上各種現象的變化，都是由天神、海神等神靈所操縱的。這種神話特色，也是中國古代神話區別於歐洲、美洲等民族神話的重要方面。尤其是以陸地為海的神話內容，更顯現出中國古典神話的獨特個性。這就是說，如果從《山經》中還可以看到與今天許多山地名稱相一致的現象的話，那麼，《海經》和《大荒經》中的海名、國名就更多是虛無縹緲的了。如，《南山經》中提到的「會稽山」、「丹穴山」，《西山經》中提到的「華山」、「黃山」、「中皇山」、「天山」，《北山經》中提到的「太行山」、「王屋山」、「燕山」、「雁門山」，《東山經》中提到的「泰山」，《中山經》中提到的「熊耳山」、「首山」、「曆山」、「密山」、「夸父山」、「少室山」、「泰室山」、「大騩山」、「荊山」、「衡山」、「岷山」、「岐山」、「首陽山」等山名，在今天都有相對應的具體存在，而《海經》、《大荒經》中的「羽民國」，「貫胸國」、「三首國」、「三身國」、「一臂國」、「奇肱國」、「女子國」、「白民國」、「一目國」、「無腸國」、「君子國」、「毛民國」、「犬封國」、「卵民國」、「不死國」等奇異的國度，我們到哪裡去尋找呢？神話學告訴我們，神話中的地名人名可以在後世的實際生活中存在，而更多的在生活實際中不存在——神話只能看做歷史曲折的反映和表現。神話中的海的意義，也就異常豐富而顯得虛幻、神奇、迷離了。

在《山海經》中，海的方位得到具體的描繪。如《海外南經》包括海外「自西南陬至東南陬」，《海外西經》包括「西南陬至西北陬」，《海外北經》包括「東北陬至西北陬」，《海外東經》包括「東南陬至東北陬」，《海內南經》包括「海內東南陬以西」，《海內西經》包括「海內西南陬以北」，《海內北經》包括「海內西北陬以東」，《海內東經》則包括「海內東北陬以南」，而《大荒經》則指「東海之外」、「南海之外」、「西北海之外」和「東北海之外」。《海內經》的方位更為特殊，所言東西南北四方之海內外，可看作與今天的國土大致相符的一部分地區。其中的「海」更多的是指一片神秘的大野。

如，《海內南經》道：

「甌居海中。閩在海中，其西北有山。一曰閩中山在海中。」

「三天子鄣山在閩西海北。一日在海中。」

「郁水出湘陵南海。」

《海內西經》道：「海內崑崙之虛，在西北，帝之下部。」

《海內北經》道：

「朝鮮在列陽東，海北山南。列陽屬燕。」

「列姑射在海河洲中。」

「射姑國在晦中，屬列姑射。」

「大蟹在海中。」「陵魚人面，手足，魚身，在海中。」

「大鯾居海中。」

「明組邑居海中。」

「蓬萊山在海中。」

「大人之市在海中。」

《海外北經》道：「北海內有獸，其狀如馬，名曰騊駼。有獸焉，其名曰駮，狀如白馬，鋸牙，食虎豹。有素獸焉，狀如馬，名曰蛩蛩。有青獸焉，狀如虎，名曰羅羅。」

《大荒東經》道：

「東海之外大壑，少昊之國。少昊孺帝顓頊於此，棄其琴瑟。」

「東海之外，大荒之中，有山名曰大言，日月所出。」

「東海之渚中，有神，人面鳥身，珥兩黃蛇，踐兩黃蛇，名曰禺虢。黃帝生禺虢，禺虢生禺京。禺京處北海，禺虢處東海，是惟海神。」

「東海中有流波山，入海七千里。其上有獸，狀如牛，蒼身而無角，一足，出入水則必風雨，其光如日月，其聲如雷，其名曰夔。黃帝得之，以其皮為鼓，擫以雷獸之骨，聲聞五百里，以威天下。」

《大荒南經》道：

「南海之外，赤水之西，流沙之東，有獸，左右有首，名曰𧇊踢。有三青獸相並，名曰雙雙。」

「有阿山者。南海之中，有氾天之山，赤水窮焉。赤水之東，有蒼梧之野，舜與叔均之所葬也。爰有文貝、離俞、鴟久……」

「南海渚中，有神，人面，珥兩青蛇，踐兩赤蛇，曰不廷胡餘。」

「大荒之中，有山名曰融天，海水南入焉。」

「有人名曰張宏，在海上捕魚。海中有一張宏之國，食魚，使四鳥。」

「有人焉，鳥喙，有翼，方捕魚於海。大荒之中，有人名曰驩頭。鯀妻士敬，士敬子曰炎融，生驩頭。驩頭人面鳥喙，有翼，食海中魚，杖翼而行。」

「大荒之中，有山名曰天台高山，海水入焉。」

「東南海之外，甘水之間，有羲和之國。有女子名曰羲和，方日浴于甘淵。」

《大荒西經》道：

「西北海之外，大荒之隅，有山而不合，名曰不周負子，有兩黃獸守之。有水曰寒暑之水。水西有濕山，水東有幕山。有禹攻共工國山。」

「西北海之外，赤水之東，有長脛之國。」

「西海之外，大荒之中，有方山者，上有青樹，名曰櫃格之松，日月所出入也。」

「西北海之外，赤水之西，有先民之國，食穀，使四鳥。」

「西南海之外，赤水之南，流沙之西，有人珥兩青蛇，乘兩龍，名曰夏後開。開上三嬪於天，得《九辯》與《九歌》以下。此天穆之野，高二千仞，開焉得始歌《九招》。」

《大荒北經》道：

「東北海之外，大荒之中，河水之間，附禺之山，帝顓頊與九嬪葬焉。」

「有儋耳之國，任姓，禺號子，食穀。北海之渚中，有神，人面鳥身，珥兩青蛇，踐兩赤蛇，名曰禺強。」

「大荒之中，有山名曰北極天櫃，海水北注焉。有神，九首人面鳥身，名曰九鳳。又有神銜蛇銜操蛇，其狀虎首人身，四蹄長肘，名曰強良。」

「大荒之中，有山名曰不句，海水入焉。」

「西北海外，流沙之東，有國曰中車扁，顓頊之子，食黍。」

「西北海外，黑水之北，有人有翼，名曰苗民……有山名曰章山。」

「西北海之外，赤水之北，有章尾山。有神，人面蛇身而赤，直目正乘，其瞑乃晦，其視乃明，不食、不寢、不息，風雨是謁。是燭九陰，是謂燭龍。」

《海內經》道：

「東海之內，北海之隅，有國名曰朝鮮；天毒，其人水居，偎人愛之。」

「西海之內，流沙之中，有國名曰壑市。」

「西海之內，流沙之西，有國名曰氾葉。」

「南海之內，有衡山，有菌山，有桂山。有山名三天子之都。」

「北海之內，有蛇山者，蛇水出焉，東入於海。有五采之鳥，飛蔽一鄉，名曰翳鳥。」

「北海之內，有反縛盜械、帶戈常倍之佐，名曰相顧之屍。」

「北海之內，有山，名曰幽都之山，黑水出焉。其上有玄鳥、玄蛇、玄豹、玄虎、玄狐蓬尾。有大玄之山。有玄丘之民。有大幽之國。有赤脛之民。」

若從目前的地理狀況來看，南方、東方有海，而西方、北方又如何有海？事實上，即使是東海、南海，在《山海經》之中的具體描繪的內容也是不盡相同的。這是中國人最早的海洋文化觀。

神話中的海，即原始人視野中的海，常是居有奇異的鳥獸魚蟲的一片特殊的土地。這種思維方式深深地影響到後世文學中的神仙文化。例如東海龍王家族，給人印象最深的是在《西遊記》世界中成為神仙世界的重要內容，這和原始先民對海洋認識的觀念是有著密切聯繫的。也正因為如此，《山海經》的海域極其寬廣，以至於美國等國家的學者在其中看到他們所熟悉的地理狀況，乃斷言《山海經》反映了他們的國家的環境。甚至有人據此而聲稱居住在美洲大陸上的印第安人就是從中國大陸上遷徙去的。推測總歸是推測，科學所依據的是大量事實的真實存在。我們不能妄加斷言我們的祖先曾征服過全世界，但可以這樣有把握地說，《山海經》中的海洋雖是神話中的存在，卻並不是完全虛幻的東西，它是有一定根據的。其中的神話內容，是原始先民所創造的海洋文化的反映——表現遠古人民的視野和胸懷，以及他們頑強的探索，這些是民族文化中非常寶貴的精神資源。

十、巫術神話

或曰，《山海經》中的所有部落，都首先是巫的文化群體。巫術信仰是每一個遠古部落的重要內容。古代神話表現出遠古人民對各種現象的理解認識和征服的願望及其具體思維方式，在《山海經》中，巫術神話的主要內容有兩大類，一是巫術在神靈崇拜中的具體運用，一是神話中巫神的具體活動。

神話和巫術都存在於遠古時代的民間信仰之中，它們之間的界限是很難劃分得很精確的。尤其是在瀚海般的民間文化中，它們在一定意義上是互生互長的。在神話的具體內容中充滿了巫術的成分，如顓頊的死而復生，巫咸和重黎等「絕地天通」。所以，以漢代王充為代表的學者們用理性的認識來理解神話，就斥之為荒誕。但應該知道，在巫術的具體表現中，其內涵是以神話傳說故事為基礎的。例如，在今天仍然存在著遠古大神信仰崇拜的廟會上，一些巫術形式，諸如拴娃娃、跳花籃舞、食靈藥等現象，在民間信仰中就是以神話傳說為底蘊並且在神話傳說的背景上進行合理的闡釋的，即民間文化理論研究中的「民間闡釋系統」的具體表現。因此，魯迅等學者把《山海經》稱為「古之巫書」，認為「中國之神話與傳說，今尚無集錄為專書者，僅散見於古籍，而《山海經》

中特多」[1]。

《山海經》中的巫術信仰如上所言，一是祭祀的儀禮，一是神話中的巫神形象。一言以蔽之，在於兩方面：巫的形狀和巫的行為。

在《五臧山經》中集中表現出祭祀儀禮的內容，它具體包含三個方面的內容：一是對巫的「療效」的認識，如「食之不×」，二是對神靈形狀的具體描繪，三是祭物的具體運用。這三種內容同樣是不可分割的整體存在。如：

《南山經》道：

「南山經之首曰䧿山。其首曰招搖之山，臨于西海之上，多桂，多金玉。有草焉，其狀如韭而青華，其名曰祝餘，食之不饑。有木焉，其狀如而黑理，其花四照，其名曰迷穀，佩之不迷。有獸焉，其狀如禺而白耳，伏行人走，其名曰狌狌，食之善走。麗𪊨之水出焉，而西流注于海，其中多育沛，佩之無瘕疾。」

「又東三百里柢山，多水，無草木。有魚焉，其狀如牛，陵居，蛇尾有翼，其羽在魼下，其音如留牛，其名曰鯥，冬死而夏生，食之無腫疾。」

「凡䧿山之首，自招搖之山，以至箕尾之山，凡十山，二千九百五十里。其神狀皆鳥身而龍首。其祠之禮：毛用一璋五瘞，糈用稌米，一璧稻米，白菅為席。」

---

1 魯迅《中國小說史略》（北京大學新潮社一九二三年版）。

諸如此類的「食之不×」，「其神狀如×而×」，「其祠之禮：毛用×瘞，糈用××，白菅為席」或「瘞而不糈」、「投而不糈」、「皆玉」、「聃用魚」等，遍佈《五臧山經》諸篇。巫的意義在佩帶某物或以食為藥的效應上表現為對饑餓、迷茫的治療，還有對忌妒等不良品性的治療，它又能消除腫痛、疥瘡等病痛，特別是能極大地增強體力使之「善走」。這些信仰十分廣泛地影響到後世的食、飲、服飾等民俗生活，它們作為一種獨特的文化內容體現出民間思維的哲學品性。祠禮即祭祀的禮儀內容，在各個章節或繁瑣或簡約。簡約者如《南次三經》中的「其祠皆一白狗祈，糈用稌」，繁瑣者如《西山經》中的「太牢。冶山神也，祠之用燭，齋百日以百犧，瘞用百瑜，湯其酒百樽，嬰以百珪百璧。其餘十七山之屬，皆毛牷用一羊祠之。燭者，百草之未灰，白席采等純之」。具體的「犧牲」有玉、米、白菅和狗、雞、羊、豬、魚、牛（豬、牛、羊三牲具備為太牢）等動物，以及酒、燭和舞蹈。其中，玉的使用有陳（擺設）、投、埋等多種。米有稌、糈、稷等精細、粗糙之分，雞和羊又有雌雄、純色和雜色之分，黑色的太牢、少牢與一般的太牢、少牢之分，舞蹈中又有干舞（兵器為舞具）和璆冕舞（玉等飾物為舞具）之分。我們認為，這就是廟會的雛形。

巫術在文化發展中有著很獨特的地位和意義，弗雷澤在其《金枝》中對此作了獨到的探索。他曾提出相似巫術和交叉巫術概念，這些在《山海經》中都有具體表現。在《山海經》中，巫術更多的在「祠」中表現為相似巫術。應該說，《山海經》中的巫文化同樣表現出中國特色。尤其是神靈形狀的巫化表現，構成中國遠古神話的重要內容，這在後世的民間古廟會上仍然有明顯體現。如，中原地區的淮陽太昊伏羲陵會上的泥泥狗，就是這種變形神話內容的遺存形式。圖騰的意義更為複雜，巫術神話只是其一部分表現。

神話中的巫神形象集中體現在《山海經》中的《海經》和《荒經》諸篇中。群巫與群神相處在同一個空間，而顓頊、重、黎等神事實上就承擔著巫的角色，更不用說巫咸等神巫了。這和前面所提到的祭祀行為一起構成巫術神話的重要內容，是整個《山海經》神話體系中一個獨特的類型。《山海經》對神巫作直接描述的主要有：

《海外西經》道：

「巫咸國在女醜北，右手操青蛇，左手操赤蛇。在登葆山，群巫所從上下也。」

「女祭、女戚在其北，居兩水間，戚操魚鱓，祭操俎。」

《海內南經》道：「夏後啟之臣曰孟塗，是司神于巴。人請訟于孟塗之所，其衣有血者乃執之。是請生，居山上，在丹山西。丹山在丹陽南，丹陽居屬也。」

《海內西經》道：「開明東有巫彭、巫抵、巫陽、巫履、巫凡、巫相，夾窫窳之屍，皆操不死之藥以距之。窫窳者，蛇身人面，貳負臣所殺也。」

《大荒南經》道：

「有巫山者，西有黃鳥。帝藥，八齋。黃鳥于巫山，司此玄蛇。」

「有載民之國。帝舜生無淫，降裁處，是謂巫載民。巫載民朌姓，食穀，不績不經，服也；不稼不穡，食也。爰有歌舞之鳥，鸞鳥自歌，鳳鳥自舞。爰有百獸，相群爰處。百穀所聚。」

《大荒西經》寫道：「有靈山，巫咸、巫即、巫朌、巫彭、巫姑，巫真、巫禮、巫抵、巫謝、巫羅十巫，從此升降，百藥爰在。」

這些神巫居於登葆山，以蛇為徽幟號，或手持不死之藥；他們「不績不經，服也；不稼不穡，食也」，和後世的神仙相似，甚至可以看做後世神仙文化的源頭。神巫將天與地、神與人聯結成一個文化整體。巫術神話在《山海經》中的位置是十分重要的，它既包容著圖騰的內容，如各種神靈的變形（鳥身人面、龍首人身、虎身人首等形狀），是圖騰的融合反映，又具有神使的意義，這是中國神話區別於西方神話的一個重要方面。

在巫術神話中，可以看到「蛇」和「不死之藥」的特殊意義，這是典型的東方蛇崇拜的文化內涵的表現。除了以上這些內容之外，其中的一些「×獸」（或其他的鳥、蟲等動物形象），用「其國有×（旱、水、兵、疫等災難）」句式，以及「有××台，不敢×向射」的句式來表現，可以把它們看做巫師的咒語。這些語言模式並不是簡單地將神靈與天地和人聯結在一起，而是包容著相當豐富的內容。沒有這些內容，可以說《山海經》就不會像現在這樣完整系統地存留於世。也就是說，神話中的各種巫術表現，使神話的民間信仰功能得到強化，使神話作為文化的複雜載體被廣大的民眾所接受。沒有巫的活動，就沒有神話的流傳和保存。巫術是中國文化中異常複雜的一部分內容。巫術與中國文化發展的聯繫更為複雜，在某種程度上，可以把巫術在神話中的表現看做中國傳統文化、文化哲學的思想資源。

《山海經》的神話類型僅粗略地梳理出這些內容，就可以讓人清楚地看到《山海經》作為神話之源、文化之源的意義所在。當然，這只是粗略地劃分，若更精細地劃分下去，還能分得更細緻。

像英國學者斯賓塞在其《神話學緒論》中就將整個國際上所保存的神話分成二十多種，如，創造神話、人類起源神話、洪水神話、報答神話、懲罰神話、太陽神話、月亮神話、英雄神話、野獸神話、習俗或祭禮的解釋神話、對陰曹地府的歷驗神話、神靈誕生神話、火起源神話、星辰神話、死亡神話、向死者供祭神話、禁忌神話、化生神話、善惡兩元論神話、生活用具起源神話和靈魂神話等類型。但他更多是依據歐洲文化而對整個人類神話所作的判斷，這就難免偏頗。

不同的民族對神話的態度即觀念是不盡相同的，中華民族的神話更多地融注於歷史、哲學、宗教、文學（人文）等內容之中，成為人們闡釋自己的生活依據的文化之源。《山海經》中的神話類型個性特色很突出，為認識整個文化發展的軌跡提供了可喜的借鑒，能夠看到源遠流長、浩如煙海的文化發展中神話所起到的巨大作用。當然，也不能因此就將神話類型中所表現的民族個性完全看做千百年間整個中華民族的文化個性，時代的變化發展深刻地影響著包括神話在內的各種文化現象。

參、關於《古史辨》神話學派與中國現代神話學問題

神話的實質只能屬於歷史文化的某一個階段。其現實性的內容固然很突出，也只是超越自然和現實的一種形式；它所反映的民族文化性格雖然對後世文化產生了異常重要的影響，卻只能是在某一個方面，不能過高地估計這種影響和作用。但是，神話學與所有的人文社會科學一樣，都存在著見仁見智的現象，不同的學理解說得出不同的結論，形成眾說紛紜。其中，《古史辨》學派的出現

就是一個典型。

《古史辨》學派是中國神話學的重要理論成就的代表，其思想基礎在於新史學意義上的疑古，並不僅僅是歷史主義的復活。圍繞《古史辨》關於神話問題的討論，促進了中國現代民間文學思想理論體系的完善和豐富，中國現代神話學得到迅速發展。

《古史辨》自一九二六年至一九四一年，共計七冊（九本）[2]，第一至三冊和第五冊由顧頡剛編輯，第四、六冊由羅根澤編輯，第七冊由呂思勉、童書業合編。《古史辨》共收入一九二〇、一九三〇年代中國歷史文化學界研究中國歷史文化、考辨神話傳說等文化史料的文章三百餘篇，計三百二十多萬字。神話傳說是《古史辨》研究的重要內容，但是，卻不是其全部內容。

顧頡剛是一個傑出的民俗學家、民間文學研究專家，也是一個有獨特建樹的神話學家，《古史辨》中關於神話的論述成為他神話學思想的重要代表，但他的神話學思想並不僅僅體現在這裡。或曰，其一九二八年來到中山大學時編《妙峰山》、《孟姜女故事研究集》（三冊）、《蘇粵的婚喪》等著述，作為民俗學會叢書出版，與此時對古代歷史中神話傳說所做辨析研究方式，其實是有聯繫的。《古史辨》展現出顧頡剛、楊寬、童書業等一群神話學家的神話學思想理論。

《古史辨》第一冊由一九二三年開始關於歷史文化討論及其之後辯論、辨正、解析中國歷史文化的文章，以胡適、錢玄同、顧頡剛他們討論辨偽歷史文化的信函彙編而成。一九二六年北平樸

[2] 參見《古史辨》（全七冊），上海古籍出版社一九八二年版。

社印行出版[3]，其中顧頡剛著《與錢玄同先生論古史書》等文，集中闡述了「層累地造成的中國古史」的觀點，對於神話傳說中的「盤古開天」、「三皇五帝」等內容，及其所構成的古史系統提出顛覆性意見。其目的亦如顧頡剛所述，在於「打倒偽史，而建設真史」[4]。至此，將神話傳說與歷史事實相剝離，引發一系列關於神話傳說的討論，成為中國神話學發展的重要機遇。

歷史文化科學的基本使命就在於求真，而神話傳說故事總是以撲朔迷離的外表，令人眼花繚亂。懷疑神話傳說作為歷史文化與社會歷史發展事實之間的聯繫，早在中國明清時期就有學者指出，而在晚清時期尤為突出。五四新文化運動推崇「科學」，要把歷史文化中具有不科學成分的內容解疑辨析，自然形成歷史懷疑的文化熱潮，出現《古史辨》這樣以「學術異端」形式出現的文化新說。如錢玄同所說：「推倒漢人迂謬不通的經說，是宋儒；推倒秦漢以來傳記中靠不住的事實，是崔述；推倒劉歆以來偽造的《古文經》，是康有為。但是宋儒推倒漢儒，自己取而代之，卻仍是『以暴易暴』，『猶吾大夫崔子』。崔述推倒傳記雜說，卻又信《尚書》、《左傳》之事實為實錄。康有為推倒《古文經》，卻又尊信《今文經》——甚而至於尊信緯書。這都未免知二五而不知一十了！」[5]顧頡剛表達出同樣的意見，稱「中國號稱有四千年（有的說五千年）的歷史，

3 一九三〇年、一九三一年、一九三三年、一九三五年《古史辨》第二三四五有北平樸社出版；一九三八年、一九四一年上海開明書店分別出版第六冊、第七冊。

4 顧頡剛《古史辨》「自序」，《古史辨》第二冊，北平樸社一九二六年版。

5 錢玄同《玄同先生與適之先生書》，《古史辨》第一冊，北平樸社一九二六年版。

大家從《綱鑒》上得來的知識，一閉目就有一個完備的三皇五帝的統系，三皇五帝又各有各的事實，這裡邊真不知藏垢納污到怎樣」，他說：「若能仔細的同他考一考，教他們渙然消釋這個觀念，從四千年的歷史跌到二千年的歷史，這真是一大改造呢！」[6]胡適所答較為審慎，曰：「現在先把古史壓縮二三千年，從《詩三百篇》做起。將來等到金石學、考古學發達上了科學軌道以後，然後用地底下掘出的史料，慢慢地拉長東周以前的古史。至於東周以下的史料，亦需嚴密評判，『寧疑古而失之，不可信古而失之。』」[7]此類言論受到學界許多人不滿，諸如錢穆他們就曾指斥其「標新立異」、「妄肆疑辨」、「厚誣古人，武斷已甚」云云。但錢穆又不得不承認，昔有「清儒以尊經崇聖，而發疑古辨偽之思」，而今「去其崇聖尊經之見，而專為古史之探討」者，「若胡適之、顧頡剛、錢玄同諸家，雖建立未遑，而破棄陳說，駁擊舊傳，確有見地」[8]。他強調的是除了破除歷史迷信，還要「立信」，一九三三年他為《古史辨》（第四冊）作序，提出「懷疑非破信，乃立信」[9]。

《古史辨》神話學派形成，應該以顧頡剛《與錢玄同先生論古史書》[10]為開端點，問題的焦點集中在其神話傳說「層累構成的歷史觀」。他說：「我們現在既沒有經書即信史的成見。所以我

6 顧頡剛《告擬作〈偽書考〉文書》，《古史辨》第一冊，北平樸社一九二六年版。
7 胡適《自述古史觀》（一九二一年一月二十八日），《古史辨》第一冊第二二～二三頁。
8 錢穆《國學概論》，商務印書館一九二八年版。
9 錢穆《古史辨》「序」，《古史辨》第四冊，北平樸社一九三六年版。
10 顧頡剛《與錢玄同先生論古史書》，《努力》增刊《讀書雜誌》第九期，一九二三年五月六日。

們要辨明古史，看史籍的整理還清，而看傳說的經歷卻重。」他舉周代人心目中大禹是最古老的歷史人物，孔子時才出現堯舜，戰國時才出現黃帝與神農，到秦代出現三皇，直到漢代，文獻中才有盤古等神話傳說被歷史化的典型為例，詳細論述了「傳說的經歷」所體現的歷史文化變異，總結出「時代愈後，傳說中的古史期愈長」，「時代愈後，傳說中的中心人物愈放大」，「歷史本來內容未必可知，但是可以看到某一件事在傳說中最早的狀況」這類現象與規律。他對於《詩經》中《生民》、《長發》、《閟宮》中有關禹的記述做考證，認為以《生民》為證，在西周之前沒有「禹」的概念，《長發》與《閟宮》中有禹作為神靈形象出現，而且大禹與夏王朝也沒有什麼直接聯繫，此時仍然沒有黃帝等神話人物在歷史中出現。其依據《說文解字》中「禹」字為「蟲」的闡釋內容，推測禹有可能是九鼎上的動物，而且是因為九鼎的代代相傳，具體形成將夏商周連為一系的現象，所以禹是他們認為最古的人，與夏離得最近，結果被推為夏的始祖。他還考證出《堯典》《皐陶謨》記述堯舜神話傳說故事，但這兩部典籍都是在《論語》之後出現，應該是戰國學者所編造的偽史。正因為戰國到漢代社會的偽史創造，堯舜之前才出現黃帝、神農、庖犧氏、三皇、盤古等傳說中的古代帝王[11]。其論點基本上貫徹於此後的《古史辨》各冊。當時，即顧頡剛提出此說的一九二三年，得到錢玄同等人的贊同與回應，也立即遭到許多學者質疑或反對，如劉掞藜，是「信古派」的代表，「南高（南京高等師範）史地學派」的成員，是柳詒徵的弟子，其發表《讀顧頡剛君

[11] 顧頡剛《與錢玄同先生論古史書》，《努力》增刊《讀書雜誌》第九期，一九二三年五月六日。

〈與錢玄同先生論古史書〉的疑問》[12]、《討論古史再質顧先生》系列論文[13]，指出《生民》中未出現禹，並不代表當時就沒有禹的觀念，所謂禹為九鼎動物之說「荒謬至極」，其懷疑夏代不會有九鼎，雙方展開爭鳴。顧頡剛在應答中承認了九鼎為未知，提出打破自古地域一統，民族一元的成見，他又提出假定禹是南方民族的神話人物，以及懷疑后稷本是周民族所奉的耕稼之神，被拉作他們的始祖，而未必是創始耕稼的古王等論點；之後，一九三〇年代中後期，顧頡剛與楊向奎、童書業合著的《三皇考》和《夏史三論》，對此類問題做了更深入探討。或曰，樂山樂水，正是在討論中形成以辨析歷史文化為重要內容的神話學思想理論的重要發展。

當年，年僅二十四歲的楊寬在《中國上古史導論》中提出神話的分化研究說，是《古史辨》神話學派的新生，是中國現代民間文學史上一個學術奇蹟。其青少年時代極其勤奮刻苦，讀書於蘇州省立第一師範時，受教章太炎、王國維、錢穆、錢基博、胡適、顧頡剛、呂思勉等人甚多。他的《中國上古史導論》完全用古文寫成，從文中可知「一九三八年初定稿」，發表在《古史辨》第七冊，洋洋灑灑，長達三百四十頁。楊寬之論著其實是胡適等人宣揚的新史學理論重要實踐，以神話傳說的歷史文化研究代替了關於中國上古歷史普通意義上的歷史研究；其雖有少年老成色彩，其實也是厚積薄發，建立在他對中國上古歷史的深入思考之上。此前，即一九三三年，楊寬曾經發表

12 《讀書雜誌》第十一期，一九二三年七月一日。
13 《讀書雜誌》第十三～十六期，一九二三年九月～十二月。

《盤古傳說試探》[14]，對盤古神話的出現與流傳與歷史文化等問題做認真甄別、辨析。其神話研究一直受到顧頡剛等人關注，如顧頡剛在為楊寬《說夏》所做編輯「附記」中說：「楊寬先生正用研究神話之態度以觀察古史傳說，立說創闢，久所企仰。其懷疑唐虞之代名與吾人意見差同，而否認夏代之存在又不期同於陳夢家先生所論。陳先生主夏史全從商史分出，因而不認有夏之一代，取徑雖與楊先生有異，而結論則全同。按商之於夏，時代若是其近，顧甲骨文發得若干萬片，始終未見有關於夏代之記載，則二先生之疑誠不為無理。惟《周書・召誥》等篇屢稱『有夏』，或古代確有夏之一族，與周人同居西土，故周人自稱為夏乎？吾人雖無確據以證夏代之必有，似亦未易斷言其必無也。楊先生此文最大之貢獻，在指出『夏國』之傳說與『下國』之傳說有關係，或禹啟等人物與夏之代名合流之由來，即緣『下後』而傳訛者乎？以材料之缺乏，未敢臆斷，姑識於此以質當世之博雅君子，並望參加討論古史之諸家對楊先生此文予以深切之注意也。」[15]楊寬自我表白道：「余之治古史學，本無家派之成見存於心，僅依據一般史學方法之步驟以從事而已，初唯取先秦古籍有關古史之材料，類而輯之，而比察其異同，久之乃知夏以上之古史傳說類多不可信，又久之而後曉知傳說之來源出於神話，顧前人罕有暢論之者。」[16]此處，楊寬指出「自顧頡剛斷言禹之傳說為神話，國人之治古史者，乃多主自啟始入歷史時代」云云，其評說「自科學史觀傳入中國，群以

---

14 楊寬《盤古傳說試探》，《光華大學半月刊》一九三三年第二卷第二期。

15 《古史辨》第七冊上編，上海開明書店一九四一年版。

16 楊寬《中國上古史導論》，《古史辨》，上海開明書店一九四一年版。

社會形式解釋古史傳說，於是有社會史之論戰，諸說紛紜」，稱「有以五帝為野合的雜交時代或血族群婚的母系社會者（郭沫若說）」，「有以黃帝為圖騰社會，唐虞為原始共產主義的生產方法時代，夏為亞細亞的生產方法時代者（李季說）」，「有以堯舜禹為女性中心的氏族社會時代，啟為由女系本位轉入男系本位的時代者（呂振羽說）」，「其篤信傳說之處，蓋與信古者無以異」，「彼輩既篤信傳說，其終極自亦必與信古者同途，故李季著《中國社會史論戰批判》，乃一反諸家用史前社會解釋古史傳說之方法，竟以為唐虞之世已入有史時代，已有文字，已有鐵器，已以男性為本位，已有私有財產，及夏代而有專制政府，帝王世系，農業發達，一如《尚書》、《史記》之所載矣」，其論曰：「吾人今日論有史時代之歷史，自當斷自殷墟物證。殷以前之古史傳說，自在神話之範圍」，「古史傳說之紛紜繳繞，據吾人之考辨，知其無不出於神話。古史傳說中之聖帝賢王，一經吾人分析，知其原形無非為上天下土之神物。神物之原形既顯，則古代之神話可明，神話明則古史傳說之紛紜繳繞，乃得有頭緒可理焉」。其列出中國古代神話譜系，如「本為上帝者：帝俊、帝嚳、帝舜、太皞、顓頊、帝堯、黃帝、泰皇」，「本為社神者：禹、句龍、契、少皞、后羿」，「本為日神火神者：炎帝（赤帝）、朱明、昭明、祝融、丹朱、驩兜、閼伯」，「本為河伯水神者：玄冥（冥）、馮夷、鯀、共工、實沈、台駘」，「本為鳥獸草木之神者：句芒、益、象、夔、龍、朱、虎、熊、羆」，以及「東西方原始神話」；其歸結為「古史傳說中除『皇』『帝』為上帝神話所演化外，古帝之臣屬，又無非上帝之屬神，吾人由其演變分化之跡象探求之，知其無非山川水火鳥獸之神」，「五帝之傳說既由上帝神話演變分化而成，而三皇之傳說亦由上帝之神話哲理化演成者」，「據古史傳說之史料及史學常識以比較推斷，其漸次演變分化牽合之跡，實有規律可尋。循環論證，無有不可得其會通者」。他反對簡單的圖騰論，其稱：「在古神話裡，神和鳥獸都是人格化的，所以那些神和鳥獸就很容易的變成故事傳說裡的人物。可是也有些鳥獸沒有完全變成人，它的形狀一半是鳥獸，一半是人的」，「夏以前的古史傳說的前身是神話，這一點我絕對堅持的。最明顯的，便是有那許多鳥獸的神話摻入在中間。有許多古史傳說中的人物，其前身不過是神話裡的鳥獸罷了」。與顧頡剛神話思想相比，其表現出更寬闊的學術胸懷，如其所論「黃帝及其世系之傳說，今既得戰國銅器銘文為之佐證，則此等傳世大體戰國時已有之」，「黃帝傳說似戰國以前已有之，但為天神而非人王，及戰國而盛傳于齊，始由天神而演為人王也」[17]。

對於楊寬的神話思想，童書業概括為「分化說是累層說的因、累層說則是分化說的果」，其總結為兩點，曰：「楊先生的古史學，一言以蔽之，是一種民族神話史觀。他以為夏以前的古史傳說全出各民族的神話，是自然演變成的，不是有什麼人在那裡有意作偽」，「所謂神話分化說者，就是主張古史上的人物和故事，會得在大眾的傳述中由一化二化三以至於無數。例如：一個上帝會得分化成黃帝、顓頊、帝嚳、堯舜等好幾個人；一個水神會得分化成鯀、共工、玄冥、馮夷等好幾個人；一個火神也會得分化成丹朱、驩兜、朱明、祝融等好幾個人；一件上帝『遏絕苗民』的故事會得分化成黃帝伐蚩尤和堯舜、禹竄征三苗的好幾件故事；一件社神治水的故事也會得分化成女媧、

17 楊寬《中國上古史導論》，《古史辨》，上海開明書店一九四一年版。

顓頊、鯀禹等治水害的好幾件故事」[18]。這與顧頡剛有許多地方形成《古史辨》神話學派內的不同。對此，後人王孝廉做評論，稱「楊寬的新釋古學派的研究方法應該是受到王國維的影響」[19]，也有道理。

在現代學術史上，對於中國神話體系的構建，其實並不僅僅是一個學術問題，甚至包含著文化重構與文化尊嚴的內容。所謂文化重構，源自於中國近代社會的中國中心觀被打破，以「三皇五帝」為主要內容的中國神話傳說體系也隨之被質疑，中國文化本位論或本體論被代之而起的是所謂「全盤西化」論之類的文化失敗觀，即事事皆不如人，許多人認為中國文化的價值遠遠落後於他人，而且種種社會現實中的落後都與中國傳統文化的破敗有關；尤其是英國人威登納為代表的文化殖民主義者，他們所論中國人沒有創造神話能力的言論[20]，極大刺激了中國文化自尊心。在這種意義上，《古史辨》辨析中國古代神話為主體的歷史記憶，到底是在毀滅中國神話系統，還是在修復或者重建中國神話系統呢？顯然，他們注意到中國神話系統被歷史化的實際，其辨析並非就是完全的解構，而在事實上卻成為一種文化損傷，所以顧頡剛他們受到時代詬病，如魯迅就曾指責顧頡剛只會破壞不會建設，在《故事新編》中借助神話傳說諷刺他「大禹是條蟲」。或曰，《古史辨》學

---

18 童書業《古史辨》第七冊上編《自序二》，第二／三頁。

19 王孝廉《中國的神話世界》「附錄」《神話研究的開拓者》（下冊），台北時報文化出版企業有限公司一九八七年六月版，第八三五頁。

20 參見拙作《面向二十一世紀的中國神話研究》，《社會科學輯刊》一九九九年第三期。

派這一特殊的學術群體過於年輕，自然氣盛，而氣盛就難免意氣用事。或曰也不盡然，他們懷疑古史，其實也在努力糾正所謂的「虛妄」，是想通過對「層累構成的歷史」解剖，揭示歷史文化真相，還給神話傳說以本來面目。在對他們的理解層面上，更多的人注意到他們「辨析」的內容，而沒有重視他們鉤沉中國古代歷史中的神話傳說作為民間文學思想理論的價值意義。同時，學術需要討論，集思廣益，見仁見智，猶如當年民間文學存在於民俗學和文學不同研究領域，被不同理解，他們或因為重視歷史文獻而被譽之為嚴謹、公正，或因為曾經進行妙峰山廟會考察、孟姜女故事考察、吳歌調查研究等學術活動，而被譽之為開拓、創新。《古史辨》學術群體中，各自不同，即使是每一個人，也有前後不同。或曰，他們對歷史文化的研究，在學術觀點上有多少不同並不重要，重要的是他們依據文獻，努力辨析中國神話傳說故事與社會歷史發展事實之間的聯繫，這種學術研究方式對於民間文學思想理論體系構建有著非常重要的意義。此如一位學者所論述：

> 二十世紀十至二〇年代，在「五四」新文化運動的影響下，知識界對傳統的批判，尤其是對被漢代以來的史家和儒家們偽造的或理想化了的古史的懷疑情緒日增，在這種思潮中誕生了一個以顧頡剛為代表、以「疑古」和「辨偽」為思想武器的「古史辨」派，他們力求把與歷史融為一體的古代神話與歷史史實剝離開來。由於「古史辨」派辨偽討論中的「古史」即神話，所以清理或「破壞」古史的過程，也就是清理或「還原」神話的過程，於是，神話學界又把「古史辨」派延伸為「古史辨派神話學」。「古史辨」派的活躍期，前後大約持續了三

十多年，可以認為，在楊寬的《中國上古史導論》發表和呂思勉與童書業編的《古史辨》第七冊出版，「古史」辨偽浪潮漸告消歇。「古史辨」派在中國史學建設與發展和中國神話學建設與發展中的作用與影響是十分深遠的。[21]

對於《古史辨》，顧頡剛曾經多次做過認真反思。他在為程憬著述所寫的序言中說，「我們從小讀書，讀的都是儒家的經典，只看見古代有很多的聖帝明王、賢人隱士，卻看不見人民群眾，更看不見人民群眾所創造的神話傳說。因此，一般人都不覺得中國古代有過一段神話時期。一九一三年，章炳麟先生說：『中國素無國教矣。……蓋自伏羲、炎、黃，事多隱怪，而偏為後世稱頌者無過田、漁、衣裳諸業。國民常性，所察在政事、日用，所務在工、商、耕稼，志盡於有生，語絕於無驗，人思自尊而不欲守死事神以為真宰，此華夏之民所以為達；視彼佞諛上帝、拜謁法皇、舉全國而宗事一尊且著之典常者，其智愚相去遠矣。』（《駁建立孔教議》，《太炎文錄》卷二）他以為中國沒有宗教是中國的國民性；中國的國民性同別國的國民性不一樣，所以別國有宗教而我們古代沒有，因為中國的國民性只注意日常生活的技術，凡是沒法實踐的神怪空談都是不相信的。這種思想不但章炳麟先生有，凡是熟讀儒家經典的人都可以有，正和以前因為考古工作者只注意銅器和碑刻，使得一般人連資本主義國家的學者在內都認為中國古代一向用的是銅器，中國沒有經過一個石

---

21 劉錫誠《二十世紀中國民間文學學術史》，河南大學出版社二〇〇六年版，第二三四頁。

器時代，和別國的歷史不一樣，有極相類似的見解」，然而，如其所言，「然而這種想法畢竟是要破產的」。他說，「如果誰再說中國沒有經過石器時代，就可判定他是一個沒有常識的人。神話固然不像石器一般，可以在土裡把原物發掘出來，然而外國的神話既經傳入中國，讀古書的人只要稍微轉移一點角度，就必然會在比較資料裡得到啟發，再從古代記載裡搜索出若干在二三千年前普遍流行的神話」，「第一個做這工作的人是夏曾佑先生，他在清末先讀了《舊約》的《創世紀》等等，知道希伯來諸族有洪水神話，又看到中國西南少數民族中也有洪水神話，於是聯想起儒家經典裡的洪水記載，彷彿是一件事情」，「他說明了對於遠古情狀的觀察，古人和今人的意圖是絕對相反的。他的《中國古代史》大約出版於一九〇七年，這些話從現在看來固然很平常，但在當時的思想界上則無異於霹靂一聲的革命爆發，使人們陡然認識了中國的古代史是具有宗教性的，其中有不少神話的成分，而中國的神話和別國的神話也有其共同性，所以春秋以前的傳統歷史只能當作『傳疑時代』看，不能因為它載在儒家的經典裡而無條件地接受」。他回顧並總結了五四以來中國神話學的發展，對程憬的《中國古代神話研究》給予很高的評價，說：「一九一九年『五四』運動以後，思想解放，有些人讀古書時就想搜集中國古代的神話資料，要從儒家的粉飾和曲解裡解放出來，恢復它的本來面目。程憬先生在這個時代的要求下專心致志，工作了二十年，寫成這本《中國古代神話研究》。他把研究的結論分成四部分：第一部分是天地開闢和神統，說明了世界的出現和帝（上帝和人帝）的統治；第二部分是神祇，說明了天神、地祇、物（精怪）、鬼和他們所居住的天上和地下的情況；第三部分是英雄傳說，說明了在中國古代神話裡占主要地位的人物射神后羿、農神后稷、工藝神倕、音樂歌舞神夔和啟等許多生動活潑的故事，和希臘神話非常相像；第四部分是海內和海外紀，從巫歌和《山海經》裡說明了古人對於廣大世界的實際知識及其幻想。又附錄三篇，討論《山海經》這書的性質和在《山海經》裡面的許多神話人物的地位及其關係。他所運用的資料，以《山海經》、《楚辭・天問》、《淮南子》為主，而編及於各種古籍，並總結了解放以前這方面的研究成果。由於程憬先生費了極大的氣力做這組織貫穿和批判解釋的工作，因而使得中國古代的許多神話獲著了一個整體的系統，我們讀了這本書之後就可以大致掌握中國古代神話的整個面貌。我們可以說，夏曾佑先生開始發現了這個問題，而程憬先生則是初步解決了這個問題。我所以說初步，並不是有意壓低程憬先生的成就，而是因為一個人的學力和時間終究有限，絕不可能把某一種學問裡的每個問題都研究妥帖，尤其在一部創造性的而又系統化的著作裡留待他人研究之處必然更多，待到將來，工作越來越深入，直接資料和比較資料愈找愈豐富，方法和觀點也愈後愈精密正確，在既有的基礎上建設起一種具有高度科學性的中國古代神話研究是完全可能的。到那時，人們看了這部書一定會感覺他寫得很平凡，像我們現在看夏曾佑先生在五十年前所說的一樣；但我們須知任何工作的開創階段是最困難的，這部書必然和夏先生的《中國古代史》永遠為人民所記憶。」[22]至此，我們也可以理解顧頡剛對於在一九七〇年代末關於神話與仙話問題的討論，其實是沿著《古史辨》的思路在前行。或曰，在中國神話傳說研究中，歷史文化的文獻研究不是唯一的，

[22] 顧頡剛《中國古代神話傳說》「序」，《博覽群書》一九九三年第十一期。

卻是不能夠缺少的。至今，我們更多注重在各民族口頭上所保存的神話傳說的價值，也應該重視歷史文獻中的具體記述，像《古史辨》那樣的鉤沉、甄別方式，仍然非常重要。

中國現代神話學發展起自於中國近代社會的文化窠臼，形成於中國現代學術體系發展進程。中國現代神話學的發展與《古史辨》有著重要聯繫，但並不是從《古史辨》開始才形成現代神話學思想理論，而是早在晚清時期，就已經形成了具有現代色彩的神話學思想理論。

對此，筆者在以往曾經做過描述[23]：神話研究在中國有著悠久的歷史，尤其在戰國時代的諸子百家一些著作中已有所體現，秦漢時期的一些史學、經學著作的研究成就，表現出中國古代神話學的文化品格，典型地體現出對經學、史學、文學等人文學科的依附。這種依附性沿襲了千百年，形成中國古代神話學的重要傳統。

二十世紀初，中國社會格局發生重大變化，具有現代科學意義的神話學在域外學術理論的影響下逐漸形成，從而逐步打破傳統的神話研究依附於經學、史學、文學等人文學科的局面。特別是經過五四時期科學與民主思想的薰陶和洗煉，現代神話學日益成為啟迪民智的新文化事業的一部分；經過三四十年代學術的深入發展，終於完成了現代科學意義的理論體系的構造。在新時期，尤其是一九八〇年代中後期，中國神話研究形成空前熱潮；進入世紀之末，中國神話研究相對冷靜下來，以新的姿態，邁向新世紀。

---

[23] 拙作《面向二十一世紀的中國神話研究》，《社會科學輯刊》一九九九年第三期。

首先，中國神話研究在現代神話學的建設中，自覺地與啟迪民智這一光榮使命相結合，形成了可貴的科學傳統，至今仍不斷地被發揚光大，使現代神話學在民族的解放與發展中不斷獲得騰飛的契機。現代神話學的先驅蔣觀雲（一八六六～一九二九）和他的《神話——歷史養成之人物》有重要的學術意義。筆者仍然要強調，中國古代是有神話概念的。蔣觀雲明確使用現代學術中「神話」這一學術概念，他這篇文章發表於一九〇三年第三十六號《新民叢報－談叢》，他提出：「一國之神話與一國之歷史，皆于人心上有莫大之影響」，「神話、歷史者，能造成一國之人才。然神話、歷史之所由成，即其一國人天才所發顯之處。」他說：「欲改進其一國之人心者，必自先改進其能教導一國人心之書始。」可見他的神話觀是建立在強國的政治理想之上的。他在自己做編輯的《新民叢報》上，還發表過《中國人種考》（如「崑崙山」、「中國人種之諸說」等節）等與神話相關的文章，其立意與強國理想仍然密切聯繫在一起。與蔣觀雲同稱為「近世詩界三傑」的夏曾佑，宣導詩界革命，在《中國歷史教科書》中，首次提出春秋以前的古史為「傳疑時代」，用社會進化論的理論研究神話。夏曾佑也將神話納入啟迪民智的政治理想的文化實踐之中，他在第一章中探究「神話之原因」，論述道：「綜觀伏羲、女媧、神農，三世之記載，則有一理可明。大凡人類初生，由野番以成部落，養生之事，次第而備，而其造文字，必在生事略備之後。其初，族之古事，但憑口舌之傳，其後乃繪以為畫，再後則畫變為字」。「然既為其族至古之書，則其族之性情、風俗、法律、政治，莫不出乎其間。而此等書，當為其俗之所尊信，胥文明野蠻之種族，莫不然也。」魯迅是將神話研究與啟迪民智聯繫在一起的又一位典型。他早期的神話理論代表作是一九〇八年十二月發表在《河南》月刊第八號上的《破惡聲論》。他說：「破迷信者，於今為烈，不特時騰沸于士人之口，且裒然成巨帙矣。顧胥不先語人以正信；正信不立，又烏從比較而知其迷妄也。」他對「農人耕稼」的「報賽」、「潔牲酬神」作了文化學、社會學分析，認為：「太古之民，神思如是，為後人者，當若何驚異瑰大之」，「倘究西國人文，治此則其首事，蓋不知神話，即莫由解其藝文。」他比較了中外神話文化的異同，最後說：「且今者更將創天下古今未聞之事，定宗教以強中國之人信奉矣，心寺於人，信不繇已，然此破迷信之志士，則正敕定正信教宗之健僕哉。」除了這篇文章，他還在《中國小說史略》、《中國小說的歷史變遷》的一些章節及一些書信中，提出有關神話的見解。如他對《山海經》的獨到理解，對「神格」的理解，有許多真知灼見，但也難免一些偏頗。如其所述「華土之民，先居黃河流域，頗乏天惠，其生也勤，故重實際而黜玄想，不更能集古傳以成大文。二者孔子出，以修身齊家治國平天下等實用為教，不欲言鬼神，太古荒唐之說，俱為儒者所不道，故其後不特無所光大，而又有散亡」[24]，包括胡適，都在以想當然的方式講述什麼中華民族在黃河流域自然條件極差，而沒有那種奇特的想像力，使得中國古代神話平淡或蕭條。筆者考據史料，黃河流域在唐宋之前仍然有大片森林，水土保持非常濕潤，只是宋元之後，因為戰爭和自然災害，尤其是遊民的過度開發，才使之遭到野蠻破壞，哪裡是這樣！相比顧頡剛他們而言，魯迅他們文獻知識有限，所以在神話學貢獻上遠不及顧頡剛輩。魯迅和胡適他們都是文化巨人，但

[24] 魯迅《中國小說史略》，《魯迅全集》第八卷第十六頁，人民文學出版社一九五七年十二月版。

在神話研究方面，成就遠遠遜色於顧頡剛他們。我們也未必強求他們面面俱到，對什麼都高人一籌。當然，這也是普遍現象，在現代神話學建設伊始，許多誤識是難免的。總體講來，學者們把神話研究自覺納入啟迪民智的追求的政治理想時，通常表現為理性把握不足，而更多了些情感因素。

其次，域外學術思想和方法的引入，使得神話研究具有現代科學意義，從根本上改變了神話研究對傳統人文學科的附庸，具有了獨立的學術品格。如果我們把蔣觀雲等人自覺地將神話研究納入啟迪民智的學術行為看作本世紀神話學思想傳統的源頭，那麼，域外學術思想和方法的引入可看作是本世紀神話學方法論傳統的源頭。

域外學術思想和方法的引入，打破了六經皆史的學術思維方式，給人耳目一新的感覺。它主要表現為社會學、人類學、民俗學等學科的翻譯介紹，包括法國年鑑學派等理論的借鑒與實踐。我們不能說學者們對這些學科的引入就是建立現代神話學的自覺行為，但他們確實是在這些學科理論的引入實踐中，促成了中國現代神話學理論體系的築構。這裡，有幾位具有突出意義的學者。如人們並不陌生的周作人（一八八五～一九七六），一九一三年在魯迅編輯的教育部編纂處月刊上發表《童話略論》，倡言「童話Marchen本質與神話Mythos世說Saga實為一體」，應「證諸民俗學」。而民俗學此時還沒有廣泛譯介。他在神話學方面最突出的成就是翻譯介紹了古希臘神話，如《紅星佚史》（一九〇七）等。在理論上，他的《神話與傳說》（一九二三）、《神話的辨護》（一九二四）、《神話的趣味》（一九二四）、《習俗與神話》（一九三四）、《希臘神話》（一九三四）和《關於雷公》（一九三四）等，都產生了一定影響。還有單士厘（一八五六～一九四三），作為大使夫人，曾出使義大利、俄羅斯等國，其《歸潛記》（一九一〇）中的一些篇章如〈章華庭四室〉、〈育斯〉，介紹了古希臘羅馬神話，遺憾的是，她對神話和神話學的介紹一直為人所忽略。黃石（生年未詳）的《神話研究》於一九二三年在《曉風週報》第一期連載，後由開明書店出單行本。他著述甚為豐富，諸如《月的神話與傳說》（一九三〇）、《中國關於植物的神話傳說》（一九三二）和《迎紫姑之史之考察》、《苗人的跳月》（一九三一）以及《感孕說的由來》（一九三〇）等。他的神話理論也是建立在民俗學的翻譯之上的，但更多地是對神話學的運用，對當時的神話研究產生了重要影響。蘇雪林（一八九七～一九九九）是一位執拗的泛巴比倫主義代表，她主張世界各民族神話同源，即都源自古巴比倫。她的代表作是《九歌與河神祭典關係》，將中國古典神話與印度神話等作比較。她的研究方法與她二〇年代在法國里昂中法學院的學習生活不無聯繫。其他如謝六逸對西歐神話學的詳細介紹、鄭振鐸對弗雷澤《金枝》等西方民俗學的介紹、林惠祥對文化人類學的介紹、江紹原對宗教學和民俗學的介紹、鍾敬文對西方社會學的介紹、朱光潛對心理學的介紹、芮逸夫對人類學的介紹、岑家梧對圖騰理論的介紹等，域外學術思想和方法不斷融化在中國現代學者的神話研究中。這種翻譯和介紹的集大成者，當推茅盾（一八九六～一九八一）。他的神話學著作主要有《中國神話研究》[25]（一九二五年）、《中國神話研究ＡＢＣ》（一九二九）、

[25] 〈中國神話的研究〉（署名沈雁冰），《小說月報》第十六卷第一號，一九二五年一月。這應該是他第一篇神話學研究文章，其使用西方神話學理論研究中國神話，具有嘗試性意義。

《神話雜論》（一九二九）、《北歐神話ＡＢＣ》（一九三〇）等。最為突出的應該是《中國神話研究ＡＢＣ》，其以玄珠為筆名，全書分上下冊，共八章，「企圖在中國神話領域內作一次大膽的探險」，集中探討了「保存與修改」、「演化與解釋」、「宇宙觀」、「巨人族及幽冥世界」、「自然界的神話及其它」等問題。值得我們所重視的是他對西方神話學理論的系統而深入的譯介，並將其貫穿在他的神話研究學術實踐中。從當時的神話理論發展狀況來看，茅盾的貢獻異常重要，但並不是無人比肩。諸如謝六逸、黃石、黃芝崗他們，在神話學中西融合上，都具有很突出的成就。

集中在二十世紀二三十年代的西方神話學諸種理論的譯介與研究，有為中國現代神話學的建立奠基之功，應該說，許多翻譯者都是窺一斑而欲知全豹，帶有實用主義色彩，表現出相當的不成熟。它的意義只有在一九四〇年代的西南地區民間文化研究熱潮中才得以體現。整個神話學理論包括許多民間文學理論的翻譯，此如一位學者所論，主要表現為一種人類學的傾向。這種傾向自然有其歷史的局限性等原因，諸如「直線進化論」，帶來簡單化、模式化，也有其突出的歷史功績，如其所言：「在中國民間文藝學的初創期和幼年期，文學人類學派的學者們採取翻譯、轉述等方式，譯介了英國和日本人類學派神話學者的大量著作，成為學科建設的重要參照物，給中國學人帶來了進化論的世界觀，萬物有靈觀、心理共同說、圖騰崇拜、遺留物（又稱遺形說）等理論，以今證古、類型研究、比較研究的方法。泰勒、安德留·蘭和弗雷澤的神話研究與成就，代表著人類學派興起、發展與極盛三個重要階段，他們的豐富理論和深遠影響，遠非萬物有靈論、遺留物說、心理共同說、巫術與圖騰制等幾個核心觀點所能概括，而中國二、三十年代對人類學派的介紹也遠非全部。然而，他們的代表作《原始文化》、《神話與習俗》、《神話、儀式與宗教》、《近代神話學》、《金枝》、《舊約中的神話》、《圖騰制與族外婚》等等，直到今天仍然具有經典的價值」，而且，「文學人類學派學者所撰著的若干有關神話與故事的研究著作，為中國神話學與故事學的建立奠定了基礎。他們以世界的眼光，採用歸納法、分類法和比較的方法，把發展的因素引進神話研究之中。強調搜集活態的口頭資料，以以今證古的方法，從現代野蠻人的生活、思想和信仰去考察原始人的神話、傳說，是人類學派學者們的治學原則，也是人類學派神話學的學科特點。遺憾的是，中國的文學人類學家們較多地停留在書齋研究上，而搜集活態的口頭資料這一人類學的學科原則，則做得甚少，因此使學派的活力受到了局限，並沒有為中國民間文藝學的進一步發展積累多少可用的田野資料，顯示出中國文學人類學派的天然的弱點，直到二十世紀三〇～四〇年代社會－民族學派在西南地區崛起之後，才初步建立起田野調查的原則，活態資料的空白也才得到了一些彌補」[26]。

第三，在中國史學研究的發展中，一批歷史學家出於對神話的關注和探索，一方面作了對有益的神話內容的定位和梳理、清理，另一方面，使神話研究在微觀上取得了突出成就。如胡適、錢玄同、顧頡剛、楊寬、童書業等疑古的「古史辨學派」，以及徐旭生、鄭德坤、馮承鈞、衛聚賢、陳

26 劉錫誠《二十世紀中國民間文學學術史》，河南大學出版社二〇〇六年版，第三二三、三二四頁。

夢家、呂思勉、孫作雲等歷史學家，包括郭沫若、范文瀾等學者的片斷論述，他們的神話研究為中國現代神話學的發展奠定了堅實的根基。

歷史學家總是在神話中發現歷史，多從文化發展角度研究神話。如孫作雲在《夸父盤瓠犬戎考》中論述道：「對古史研究的方法，就是從社會制度的研究，來判斷古史的真偽，用考古學上的實物來證明制度的有無，用文字學音韻學的方法來考證一個名詞的得名之故，用民間的俗說、迷信以補文獻的不足。我所用的方法不是限於一隅的，是綜合的。我的態度，是『疑』了之後再『釋』，『釋』了之後再『信』。我不是徒然地疑古，也不是盲目地信古，我的方法是二者結合。再用具體的話來說，就是我以為古史的事實，大致可信，古書並非盡偽。我們要在神話之中求『人話』，疑史之中找『信史』。」[27]他論述《山海經》，稱「諸圖之中有畏圖，皆繪食人之兇惡，如《西山經》羭次之山，『有獸焉，其狀如禺而長臂善投，其名曰囂。』郭注：『亦在畏獸畫中。』《北山經》譙明之山，有『獸焉……名曰孟槐，可以禦凶。』郭注：『辟凶邪也，亦在畏獸畫中也』」[28]，將之與戰國獵壺上的羽人圖（鳥人圖）和《山海經》羽人神話做對比說：「我們可以武斷地說《山海經》這一段記載就是這些圖像的說明，至少原始的山海圖畫這段畫，就是像獵壺上所鑄的那個樣子。我想原始的山海圖和獵壺上的圖像當係出於一本：即出於一個共同的宗教和藝術傳

27 孫作雲《夸父盤瓠犬戎考》，《中原思想》一九四二年一卷一期。

28 孫作雲《饕餮考——中國銅器花紋中圖騰遺痕之研究》，《中和月刊》一九四四年第五卷第三期。

統。並且，我們再就時代上說，獵壺的時代是戰國中期，山海圖（寫成為今本樣式）的時代也絕不會晚于戰國，可能與獵壺同時。然則，二者有如此多的雷同點，自屬當然之事了。」[29]在孫作雲看來，神話是特殊的歷史，他在《飛廉考》中讚揚西方神話研究語言學派的理論貢獻說：「他們的方法是從吠陀神話與希臘神話之中，推知許多神名的溯義，再經比較考察之後，尋繹一個最古的形式以為通乎印度日爾曼民族全體的最初的神名；再以此神名為基礎，來解釋神話的意義」，「據他的解釋，說一切神話皆由於『語言的疾病』。什麼叫語言的毛病呢？原來語言的特質有『性』，『多名使用』，『同義語使用』，及『詩的隱喻』諸點。隨著時代的變遷與人性的健忘，這些意義逐漸發生混亂和誤解」，「人們便將錯就錯地視之為神話或神事。神話的發生便由於此，神話學史上有名的『言語疾病說』，便是此說」，「馬克斯・繆勒所提出的神話學的研究方法，無疑地是研究神話學最有效的方法之一。研究神話首先要研究神名的得義，若能把神名的初義解釋清楚，無疑地就等於把這個神話瞭解了大半，而比較語言學是很能做到這一點的」[30]。他強調圖騰在歷史文化發展中的意義，在《中國古代圖騰研究》中說：「中國古代曾經廣泛地盛行過圖騰主義。假使允許我們做一個鳥瞰式的考察的話，我們大致可以說東方民族（沿海各地）多以鳥為圖騰，以日月為副圖騰；中原民族（河南一帶）多以龜蛇等爬行動物為圖騰；西北民族（陝甘高原地帶）多以野獸為圖

---

[29] 孫作雲《說羽人——羽人圖羽人神話及其飛仙思想之圖騰主義的考察》，《國立瀋陽博物院籌備委員會匯刊》一九四七年第一期。

[30] 孫作雲《飛廉考——中國古代鳳氏族研究》，《華北編譯館館刊》一九四三年二卷第三、四期。

騰。不過因為各民族的來源不一，各民族的基於生產技術而發展的文化不同，又因為山川的阻隔、以及民族間的戰爭與遷徙等問題，遂呈現了中國古代圖騰社會的錯綜複雜多種多樣的文化相。一般地說起來，中國古代在三代之前，在黃河流域曾經廣泛地實行過圖騰主義。」[31]

古史辨學派之前就有夏曾佑等學者提出春秋之前為「傳疑時代」（《中國古代歷史教科書》，一九〇五），作為哲學家的胡適對歷史上的文化現象進行論述，提出應該從「神的演變」這一觀念入手，做一部「神話演變史」，在理論和方法上對古史辨神話學派產生了重要影響。所以，我們把他也歸入古史辨學派。顧頡剛（一八九三～一九八〇）作為一位歷史學家，用民俗學的方法研究歷史，他和楊寬等人創立了著名的「古史辨學派」。他的重要的神話學理論在於提出了累層的歷史觀和民族的神話史觀，以扎實細緻的考證和辨析形成了對一個時代的影響。如顧頡剛在一九二三年發表在《讀書雜誌》上的《與錢玄同先生論古史書》、《討論古史答劉胡二先生》等文章，以及他後來所發表的《洪水之傳說及治水等之傳說》（一九三〇）、《〈書經中的神話〉序》（一九三七）、《中國一般古人想像中的天和神》（一九三九）等，提出「凡是一件史事，應當看它最先是怎樣的，以後逐步逐步的變遷是怎樣的」，「把傳說中的古史的經歷詳細一說」。他的神話史觀影響了史學的發展，但是偏頗也是明顯的，不久即受到魯迅、徐旭生等人的批判。與他們相應的是一批歷史學家和文獻學家從文化史角度對神話的研究，其作為純粹的神話文獻考證，其實是一項尤其

31 孫作雲《中國古代圖騰研究》，《中和月刊》一九四一年第二卷四、五期。

重要的基礎性工作。令人遺憾的是，忽視文獻的特殊價值，這種傾向愈演愈烈。

除了以上所提的一批學者外，還有梁啟超（一八七三～一九二七）。梁啟超把神話作為一種單獨的研究對象看待，他較早引入西方神話學，如他在《太古及三代載記》（一九二二）、《中國歷史研究法》（補編，一九二六）等著述中，運用社會進化論等思想方法來研究神話在文化史上的位置問題。他也是「古代傳疑」論者。他在《中國歷史研究法》（補編）第四章〈文化專史及其做法〉中說：「文化是人類思想的結晶，思想的發表，最初靠語言，次靠神話，又次才靠文字。」指出中國人對於神話的「二種態度」，即一種「把神話與歷史合在一起」，一種「因為神話擾亂歷史真相，便加以排斥」。他們接受了西方神話學等新的理論，又不完全捨棄傳統的經學的考據，使神話研究顯現出厚實的學養。諸如馮承鈞（一八八七～一九四六）的《中國古代神話之研究》（一九二九年連載於天津《國聞週報》）、鄭德坤的《山海經及其神話》（一九三三年載於《史學年報》）、衛聚賢的《古史研究》（一九三四年商務印書館出版）、陳夢家（一九一一～一九六六）的《商代的神話與巫術》（《燕京學報》一九三六年第二十期）、孫作雲（一九一二～一九七八）的《中國古代的靈石崇拜》（《民族雜誌》一九三七年五卷一期）、呂思勉（一八八四～一九五七）的《三皇五帝考》（《古史辨》第七冊，上海開明書店一九四一年版）和鄭師許的《中國古史上的神話與傳說的發展》（《風物志》，中國民俗學會一九四四年版）等，憑藉深厚的史學修養，提出了許多獨到的見解。陳夢家《商代的神話與巫術》是一篇長篇神話研究論文，上編主要論述商代神話傳說，下編論及神話傳說相關的巫術。他強調說，神話的發生「大別為二」，一是「自然的」，一是「人為的」。他「偏重從神話傳說中提取古史，建立一個可信的世系；其次是對於商民族的來源，從神話中探求其地帶；又次對於若干偉大歷史人物的創制造物，審查其真偽及由此而生的神話；又次對於始妣略有所論述。」[32]這是重建神話系統的典型。特別是徐旭生（一八八八～一九七六），他早年留學法國巴黎大學攻讀哲學，後又從事考古，他的《中國古史的傳說時代》（中國文化服務社一九四三年版），可看作古史辨學派之後中國神話史研究的重要總結。他針對傳說時代和狹義的歷史時代作出可喜的甄別的同時，總結了古史辨學派的功績和偏頗，尤其是他的《洪水解》，對中國洪水神話從形成到發展變化及其與社會歷史的聯繫，都提出了獨到的見解，至今仍不失為洪水神話研究的重要文獻。歷史學家研究神話，在學術態度上更為審慎。但令人遺憾的是，建國後這種傳統人為地中斷了。除了朱芳圃、丁山[33]、顧頡剛、孫作雲等學者有零星篇章外，基本上沒有更多的力作。倒是考古學界日益顯示出對神話與歷史研究的熱情，其中最有影響的就是著名的學者李學勤等人所主持的關於夏商周斷代工程，還有對炎黃文化的多重理解與探索，使中國神話研究進入一個新階段。

第四，大西南地區在一九四〇年代形成了神話研究的新潮，學者們的努力使中國神話學的理論大廈轟立起來。這是中國神話研究史上一個異常重要的歷史階段。在這個新潮中，湧現出芮逸

32 陳夢家《商代的神話與巫術》，《燕京學報》第二十期，一九三六年十二月。

33 丁山《古代神話與民族》，商務印書館二〇〇五年版；其考證民族遷徙與神話傳說的聯繫及其在文獻中的表現，文章完成於「一九四八年之前」，是後人王煦華整理。

夫、凌純聲、吳澤霖、楚圖南、常任俠、聞一多、馬長壽、陳國鈞、馬學良、岑家梧等一批卓越的民族學家、社會學家、歷史學家、人類學家、神話學家、美術史學家和文學研究專家，他們的思想和方法，都深刻地影響到後世。今天的許多學者仍堅持著他們的研究方法而不斷有重要成果面世。早在五四歌謠學運動中，就有一批學者強調走進民間。在一九二〇～一九三〇年代的中山大學民俗學研究、杭州大學民俗學研究中，鍾敬文、婁子匡、楊成志等年輕的民俗學家和顧頡剛等前期民俗學家都自覺深入民間，親身體會感受民間文化，進行深入的探索。梁漱溟發起鄉村教育運動時，也有許多學者積極投身於民間文化建設和考察。但由於方法的限制，他們沒有形成更大的規模。一九三七年抗日戰爭爆發後，一些大都市的學者遷到西南邊疆，他們所採用的田野作業和多學科的探索，尤其是對少數民族地區的調查，使他們大開眼界，一些具有非凡學術價值的神話研究成果就在這種條件下問世，使中國神話研究表現出成熟的品格。如，芮逸夫的《苗族的洪水故事與伏羲女媧的傳說》（《人類學集刊》第一卷第一期，一九三八），以及他和凌純聲合作的《湘西苗族調查報告》、吳澤霖（一八九八～一九九〇）的《苗族中祖先來歷的傳說》（貴陽《革命日報——社會旬刊》第四、五期，一九三八年五月）、楚圖南的《中國西南民族神話的研究》（一九三八～一九三九年連載於《西南邊疆》）、常任俠的《重慶沙坪壩出土之石棺畫像研究》（《時事新報－學燈》第四十一、四十二期，一九三九）、馬長壽（一九〇七～一九七一）的《苗族之起源神話》（《民族學研究集刊》一九四〇年第二期）、陳國鈞的《生苗的人祖神話》（《社會研究》第二十期，一九四一）、岑家梧（一九一二～一九六六）的《盤瓠傳說與瑤佘的圖騰制度》（《責善》半月刊，一九四一年第六期）、馬學良的《雲南土民的神話》（《西南邊疆》第十二期，一九四一）和聞一多（一八九九～一九四六）的《伏羲考》（即《人首蛇身像談到龍與圖騰》等，一九四二）等，都自覺或不自覺地進行著神話研究領域的文化人類學、口述史學、民俗學、考古學、民族學、社會學等學科的嘗試。尤其是聞一多和凌純聲兩位學者，他們分別作為文學家和民族學家的典型，共同將視野投向少數民族神話，一個在伏羲與葫蘆的命題上得到突破，一個在苗族、彝族等民族的文化生活的研究上取得突破，對後世學者具有重要的典範意義，並由此共同開闢了一個新時代。

當然，這只是一個大概的輪廓，還有許多內容需要我們認真總結。對中國現代神話學的研究，以馬昌儀所做《中國神話學文論選萃》[34]搜索最多。其勾勒出中國現代神話學從晚清到今天一百多年間發展風雨歷程，展示出文學、文獻學、歷史學、人類學、民族學、社會學、教育學、宗教學，包括哲學、語言學等眾多學科領域中，神話學五光十色的思想理論。這是空前的神話學歷史圖景。回味歷史，令人發生許多感慨。或曰，今天我們真正能夠在民間文學領域與世界可以對話的恐怕就只有神話學思想理論了，而且，我們極大得益於中國現代民間文學史上這些學者的辛勤耕耘。

在中國現代民間文學史上，神話學研究的成就尤其突出，出現了一大批卓有建樹的神話學家。他們在不同的方面，以不同的視角與方法進行神話這一特殊民間文學現象的研究，奠定了中國現代神話學的重要傳統，成為二十世紀人文社會科學的一個亮點。

34 馬昌儀《中國神話學文論選粹》，中國廣播電視出版社一九九四年版。

我們可以看到這樣一種普遍性現象，即這些神話學思想理論家，他們都極其勤奮，都有著崇高的文化理想，都有十分廣闊的文化知識。所以，他們才能夠如此得心應手，屢屢有發現和創見。

諸如當年謝六逸，他不但是著名的神話學家，而且是著名的編輯家，是中國早期新聞學重要奠基人，還是一個作家。他曾經應上海中華書局約請創辦《兒童文學》月刊，主編《文學旬刊》、《文訊月刊》、《抗戰文藝半月刊》和（上海）《時報》副刊《小春秋》、（上海）《立報》副刊《言林》等，為中國文學研究和現代民間文學研究做出多方建樹。一九二〇年代初，他曾出版有《西洋小說發達史》，其中涉及到神話與小說的關係等理論問題。在《古史辨》神話學派風頭正盛時，他及時引入西方現代神話學理論，讓世人看到除了中國古典文化之外的神話學世界。他參考了日本學者的《神話學概論》、《比較神話學》等著述，撰寫出《神話學ABC》[35]。在這裡，他論及神話在社會歷史文化發展中特殊的認識價值，稱「對於原始民族的神話、傳說與習俗的瞭解，是後代人的一種義務。現代有許多哲學家與科學家，他們不斷的發現宇宙的秘密，獲了很大的成功，是不必說的；可是能有今日的成功，實間接的有賴於先民對於自然現象與人間生活的驚異與懷疑。那些說明自然現象的先民的傳說或神話，是宇宙之謎的一管鑰匙；也是各種知識的泉源。在這種意義上，我們應該負擔研究各民族的神話或傳說之義務」，而「中國的神話本來是片斷的，很少有人去研究」，所以「沒有『神話學』（Mythology）的這種人文科學出現」；他指出，「在

35 謝六逸《神話學ABC》，（上海）世界書局一九二八年版。

近代歐洲，神話學者與民俗學者輩出，從文化人類學；從言語學；從社會學去探討先民的遺物，在學術界上有了莫大的貢獻；東方的日本也有一般學者注意這一類的研究，頗有成績」，「中國則一切均在草創，關於神話學的著作尚不多見」，其寫作目的即在於「在應入手研究神話的人的需要，將神話一般的知識；近代神話學的大略；以及研究神話的方法，簡明的敘述在這一冊裡」[36]。最值得注意的是，他把神話傳說作為一種社會文化現象，而不僅僅是民間文學的文學形式；他把神話學看作是一門獨立的科學，既有文藝的研究，又有歷史文化的研究，也有人類學意義的思想文化等內容的研究。他系統介紹了西方現代神話學理論的內容與特點，論及神話傳說的搜集整理與類型劃分等問題，運用了中國的、希臘的、日本的神話進行比較研究，顯現出淵博的知識與敏銳的觀察力。如黃石，又名黃華節，早年研究宗教史，在宗教文化背景下探討神話的價值意義。他曾主編《華僑日報》，出版譯著有《家族制度史》[37]等，並翻譯過《十日談》（或曰中國第一個譯本）；鄉村教育運動中，他還曾到定縣去調查禮俗和社會組織。他的《神話研究》是關於中外神話學理論的重要著述，表現出神話研究的獨立意識。如他在《神話研究》[38]中特別強調「神話起源於原人的求知心，想以此來解釋自然的現象、社會的制度和人生的故事」，「話是人類最初的科學和哲學」，而不要僅僅把神話看做文學的種類；他同樣反對把神話看做歷史，其論述道：「歷史是客觀事實的記

36 謝六逸《神話學ABC・序》，（上海）世界書局一九二八年。

37 黃石譯《家族制度史》（古索爾著），上海開明書店一九三一年版。

38 黃石《神話研究》（上、下），（上海）開明書店，一九二七年版。

載，以人為本，其思想言行，不能越出理性的範圍，與由主觀的想像虛構而成的神奇荒誕的神話，迴然不同，這是很明顯的。可是我們這樣說法，並不是蔑視神話之歷史的價值，反之，神話確能或明或晦地反映出原始時代人類的心理狀態和生活情形，是很可貴的『史料』。」[39]他指出：「神話最普通的形式是：某事之所以發生或存在，因為某某曾經做過某種事情。原人往往把這些記述，當時相傳的歷史事實，辨別不清，並且相信是不待證而自明的真理。這些解釋的記述，有時只為賞心悅耳的緣故而傳說，於是便成為元始時候的想像最初產生出來的民間文學了。」[40]以此，他總結出神話「故事的形式」、「信以為真」、「民眾心理」和「萬物有靈」等四項特徵的存在。在神話的界說、分類、解釋和價值等神話學理論知識和埃及神話、巴比倫神話、希臘神話、北歐神話等神話傳說的介紹中，他提出自己「願研究文化史的學者不可用全副精力於古書的探討和地層的挖掘，對於活存的史料，至少得分一部分精力去比較研究」[41]云云。後來他出版《婦女風俗史話》[42]，其視野更為獨到，也更為廣闊。後來，有學者為他編選《黃石民俗學論集》[43]，這些論文多為一九二七年前後，其在《東方雜誌》等刊物發表許多關於民間文學研究的論文，諸如《關於植物的神話傳

39 黃石《神話研究》，開明書店一九二七年版，第八頁。
40 黃石《神話研究》，開明書店一九二七年版，第九頁。
41 黃石《廟人的跳月》，（南京）《開展月刊·民俗學專號》（《民俗學集鐫》第一輯），一九三〇年七月。
42 黃石《婦女風俗史話》，（上海）商務印書館，一九三三年版。
43 高洪興編《黃石民俗學論集》，上海文藝出版社一九九九年版。

說》[44]、《月的神話與傳說》[45]、《七夕考》[46]等，如編者所總結「黃石對於民俗學的研究」，稱其「主要集中在可以統稱為女性民俗的有關性風俗、婚姻習俗和女性服飾方面，其他則為年節習俗、神話傳說等等」，「他自稱對於民俗事像有一種追源癖，善於運用文獻資料進行歷史考證工作，論述某一民俗事像在歷史上不同階段的表現和嬗變」，「他尤為重視和善於運用比較的方法，大量使用世界各地有關民俗資料進行比較研究」[47]。這十分有益於中國現代神話學的建立與發展。如葉德均，其走上民間文學研究道路，以《淮安歌謠集》即搜集整理其家鄉淮安的歌謠為標誌，一九二九年「中山大學民俗叢書」出版。此時，其年僅十八歲。此後，他相繼發表《民間文藝的分類》（《文學週報》第六卷，開明書店一九二八年版）、《中國民俗學研究的過去及現在》（《草野》第五卷第三號，一九三一年四月二十五日）和《猴娃娘型故事略論》（《民俗》週刊第一卷第二期，一九三七年一月）等民間文學研究文章。其受到趙景深的影響，後來在小說、戲曲與民間文學聯繫等方面做出突出成就。遺憾的是他英年早逝，在一九五〇年代初期正當大有作為時辭世。更不用說徐旭生，其《中國古史的傳說時代》，其實就是「中國神話傳說時代」；他不惟是一個歷史學家，是從歷史文化角度研究中國古代神話，而且，他還是一個文學翻譯家，也是一個在反對黑暗

44 《青年界》第二卷第二期，一九三二年九月。

45 《北新》第四卷第十六期，一九三〇年八月。

46 《婦女雜誌》第十六卷第七期，一九三〇年七月。

47 高洪興編《黃石民俗學論集》，上海文藝出版社一九九九年版第四二〇頁。

政治的學生運動中慷慨激昂、寧死不屈的急先鋒。這是中國歷史發展中以「自強不息，厚德載物」文化傳統造就的一代學者極其特殊的追求。還有許多人，他們研究民間文學，研究神話，總是有深厚的文化基礎與不凡的追求。

神話研究在中國現代民間文學史上具有特殊的意義，最典型地體現於重建古史系統。這是中國文化傳統中「欲滅其國先毀其史」的經驗體現，是為了加強民族精神與民族凝聚力在社會發展中的特殊作用。以促進民族認同為實際作用的神話研究，在抗日戰爭中形成一個特殊的話語表達方式；這些歷史學家之所以孜孜以求於重建中國神話系統，並不僅僅是在純粹的學理探討。無論這是否符合歷史文化研究的原始含義，而建立於特殊歷史時期的現代學術體系必然包容了許多學術思想以外的內容與價值。這未必是學術救國，卻明顯有報答民族的有意識或無意識思維表現。這與晚清社會夏曾佑、梁啟超、章太炎他們論述神話、運用神話的道理沒有什麼差別，都不可避免的具有民族主義思想內容。或曰，這就是中國現代學術的時代風格與時代精神。

神話作為特殊的歷史，與原始先民的思維和信仰息息相關；其流傳演變，始終保持著原始先民的思維與信仰這一基本內容作為自己的存在標誌。中國現代神話學思想理論體系不僅僅是民間文學思想理論的一部分，它還屬於中國文化、中國文學、中國歷史等學科的一部分，它是民族最深刻的記憶，是民族文化的百科全書。神話確實具有文學的成分，是民間文學的重要形式，但它還有更加廣闊的思想文化內容，需要我們深入研究。

我們的現代學術史告訴我們，學科發展總是與民族命運相聯繫在一起。舉數對於神話研究有重要的學者，他們都有一顆為民族發展進步而獻身的心，常常從民族精神等方面研究神話傳說的民間文學現象，這就註定了其學術品格的高尚。

神話藝術是人類文明的重要組成部分。在世界各民族文化史上，神話應該是最早的民族記憶力與想像力的集中體現，深刻影響了後世文學藝術發展的格局與進程。中國神話傳說的形成與發展非常複雜，充滿許多文化融入元素，體現了中華民族歷史文化的多元性與系統性，更充滿中華民族偉大的聰明智慧與拼搏精神、進取精神和創造精神。至今，我們應該珍惜這些內容，讓古典神話在新的時代大放光彩。

肆、中國古代神話傳說與民族記憶

二〇一〇中國深圳《市民文化大講堂》

主持人：現場和電視機前的觀眾朋友，大家好！歡迎您收看市民文化大講堂。我們知道我們的民族是一個有著悠久歷史的民族。而且我們的民族有著豐富的思想文化的財富。今天呢，我們要跟大家一起談談民俗。提起民俗，可能就離不開神話故事了，神話故事對我們這個民族的文化它到底意味著什麼呢？今天我們請到的是高有鵬老師，接下來他將會和我們大家一起來交流這方面的心得，讓我們用熱烈的掌聲來邀請高老師。

高有鵬教授：女士們，先生們，大家下午好！非常高興又來到了深圳。今天跟大家一起來談「中國神話傳說與記憶」這樣一個課題。首先，我們來一起聆聽二十多年前一首有名的歌曲：《我的中國心》。（音樂起）

《我的中國心》成了當年我們這個時代最響亮的一個旋律。我的心是從哪裡出發，就像歌中唱的。說我的祖先早已安排了我們的中國心，長江、長城、黃山、黃河，在我們整個民族的心中，都重若千鈞。這是一個民族最深刻的記憶。它所要表白的是什麼呢？其實就是一種文化的傳承。文化的傳承，是我們這個民族最深刻的記憶，和世界各民族一樣，是對自己的歷史重新的整合和訴說。中國的神話傳說在某種程度上來說，是我們這個民族最古老的歷史。

神話這個概念是我們今天提出來的。但是它在幾千年前就已經存在了，明代的湯顯祖在他整理的《虞初新志》中就已經使用了這個概念。神話的概念現在成為我們現代學術體系中的一個名詞。比較早的時候是由梁啟超、蔣觀雲他們提出來的。當年，我們的民族面臨著巨大的災難，那就是一八四〇年以來，我們的民族飽受了列強的蹂躪。在這樣一個背景下，一群知識分子他們遠渡重洋，走向異國他鄉，去尋求我們這個民族的生路。於是，在日本這樣一個特殊的國度裡面，梁啟超、蔣觀雲他們就提出來了人種存活的問題，以此結合了中國古代的一些文化概念，運用了當時的現代術語做結合，創造性地提出了一個叫做「神話」的這樣一個特殊的詞。這個詞是我們這個民族對文化的一個特殊的貢獻。神話的「神」其實就是我們的祖先，祖先大神。這個「話」呢？其實它選用了這個日語中的那個說話、物語，那個話的一個故事。在這個意義上呢，我們這個民族對於神話的整合，以現代學術概念提出的方式。事實上，在喚醒我們這個民族如何整合自己的記憶。相配合的還有什麼呢？是一批作家，他們當時寫出了《黃帝演義》，這個背景那就是說，我們提出這個神話概念的同時，是為了復興我們的中華民族。因為當年大家有一個認識，就是以孫中山先生為代表提出的叫什麼「驅逐韃虜」。當然這個詞是帶有特殊情緒的，是吧，因為大家認為滿清朝廷他們阻礙了歷史的發展。這個，今天我們這樣再談就不合適了，但是在歷史的時候，那就是說大家把滿清等同於落後，等同於阻礙民族進步發展，這樣一個特殊的背景，形成了我們對於神話傳說的重新記錄。在我們的歷史上，這個民族呢，對於歷史的訴說，我們有一個特殊的背景，那就是我們中華民族，它是一個多民族組成的一個國家。在歷史上，它由於多種因素形成了我們這個民族。對於歷史的一種特殊的訴說。這裡面就像司馬遷所提出的那樣，他說：「昔三代之居，皆在河洛之間」。

今天我們理解神話傳說，事實上，也就是說，我們不僅僅是對於口傳這樣一種傳承方式作為一種記憶，最重要的還有什麼呢？是依據於文獻，我們這個民族對於歷史有特殊的情結，我們把許多內容許多文化的內容都進行了歷史化的處理。這種處理的結果就形成了我們這個民族的神話傳說的重要內容。比如說，中國神話在我們的歷史中，它是如何構成自己的體系呢？顯然這不是一朝一夕形成的，而是在歷史的進程中，被不同時代的，我們的民眾，我們的整個社會進行的一種文化整合所具體化提出來的。也就是說在每一個神話故事的背後，都有著一個特殊的文化歷史階段。我們這個民族為什麼對於神話傳說給予了這樣的熱情呢？我們現在可以看到這樣一個現象。那就是說我們今天提出一個新的概念，叫做「國家文化安全」，民族文化安全。安全的意識是什麼呢？那就是守護自我，「我」在不同的民族中，都有這個特殊的概念的。這個概念在我們的民族中，在中華民族的歷史上，它具有什麼樣的意義呢？我們一般來說可以看到這樣一個現象。就是說在甲骨文中「我」，你我他這個「我」作為一種標誌，它是一面戰鬥的旗幟。戰鬥的旗幟意味著什麼呢？那就是說在一片空曠的原野上，樹立起一面戰鬥的旗幟，它形成了對一個民族的成員或者部落成員的指揮。前後左右，前進、倒退，一切的動作都看在「我」這個戰鬥的旗幟的具體指揮上。那麼，神話傳說呢？在事實上就構成了對這面旗幟的一種言說。所以今天我們說，我們是炎黃子孫如何如何，在很大程度上，就是由於這種記憶所形成的一種特殊的文化解說方式。這種文化解說方式構成了我們這個民族最重要的記憶方式，所以在我們這個民族的歷史上，對歷史文化有著特殊的理解。一種是我們常常說的，叫做「國之大事，在祀與戎」。還有一種說的就是，欲滅其國，先毀其史。這意味著什麼呢？第一句話，國之大事，在祀與戎。戎是什麼，我們都知道，是強大的國法。那麼祀呢，事實上就是我們的記憶。這種記憶是什麼記憶呢？敬天、敬地，告慰先人。我們的節日，我們的儀式事實上在很大程度上都是用一種特殊的神話傳說的記憶方式來訴說自己的身份。所以在這種意義上，我們可以看到我們這個民族的記憶方式與神話傳說及其密切的聯繫。

我們常常講，我是什麼什麼姓，我的祖先來自哪裡。這種記憶事實上它並不僅僅是一個符號的顯示，也並不僅僅是在證明自己的家鄉在中州如何，而是飽含著這個民族的記憶能力。一個民族的記憶，就像聯合國教科文組織所發表的那個對於非物質文化遺產保護和提出來的要求一樣，說一個民族的記憶力，影響了一個民族的想像力，一個民族要使自己的想像力不斷的豐富和發展，保持自己的生機，就應該使自己的記憶力不斷的被修護、被守護。國之大事，在祀與戎。祀，就是對自己的記憶不斷進行修復。另一個內容就是說國之大事，在祀與戎；相對的叫做欲滅其國，先毀其史。我們講了祀，講了戎。特別是祀，我們講到我們的神廟，在神廟裡面供奉著我們的祖先，供奉著我們祖先的業績，流傳著他們的神話傳說和故事。而同時，在歷史的建構中，我們可以看到這個民族的記憶方式和這個民族的生存方式，有著非常密切的聯繫。聯繫到什麼程度呢？欲滅其國，先毀其史。我要讓你這個民族毀滅，給你進行一種總體形式上的破壞。首先要讓你失去文化的記憶能力，所以我們便可以看到，在日本人侵佔了台灣的時候，他們要做的第一件事情就是在學校裡面進行日文教育，不讓你進行傳統的漢文教育。在我們的歷史上是這樣，在世界各民族的歷史上事實也都是這樣。比如說像有名的歐洲史詩，芬蘭史詩《卡列瓦拉》，《卡列瓦拉》這首史詩呢，當時在芬蘭所具有的意義是什麼呢？那就是自己的語言。芬蘭民族的語言被其他民族蹂躪了，在學校教育裡面形成了一種帶有空白性的換擋現象。提到這裡呢，我們還記得，大家都熟悉有一個著名的散文，就是都德當年寫了一個《最後一課》。當敵人來到我們的家鄉的時候，我們要一個老師要上最後一堂課，他喊出了法蘭西萬歲！和這個道理是一樣的。《卡列瓦拉》這部民族史詩，它喚醒的是芬蘭民族的記憶，讓自己的民族從自己的歷史中，歷史記憶中，文化記憶中，尋求到了自己的家園。

一個人應該知道自己從哪裡來，知道自己是誰，自己要往哪裡去，自己為什麼要做一系列的事情等等。這是人生的基本模式，那麼一個民族也是一樣。我們中華民族，我們從哪裡來，我們常常講我們有五千年的文明如何如何。有人說，一個民族如果過於沉醉於自己的歷史的輝煌，常常就形成了自己的一種惰力，就會失去對生活創造的一種熱情。是這樣，有這種成分。但是如果一個民族忘卻了自己的所在、所源，那麼，他所面臨的又將是什麼呢？今天，我們把它做了一個新的詞，叫做失憶，就是失去自己的記憶。失憶之後，我們常常就忘卻了自身存在的一系列內容。那就是說神話傳說對於一個民族來說，它是最古老的記憶。它當年是以想像的方式，是以原始思維的方式來表達自己的情感，來回答了當時的一系列的文化訴求。也就是說，原始人看待自然界的時候，所提出來的一系列的疑問，所進行的一種表達、一種解釋都成為了後來生動的神話傳說的具體內容。也就是說，我們的民族的記憶，在任何時候，都沒有對這種祖先為代表的英雄神話的訴說更為典型。首先，在這種意義上，我們可以看到，我們的神話傳說，它有自己的歷史化這樣一個進程。在事實上構成了一個中國古典神話時代，這樣一個特殊的階段。

什麼叫中國古典神話傳說時代呢？在這裡我做一個簡單的分別、表白、補充。那就是說我們是五十六個民族，五十六個民族五十六朵花。但是我們這個民族的發展中，形成我們這個國家的最深刻的記憶的，常常是和神話傳說的一種古典文獻的記述是分不開的。也就是說，我們這個民族中，大家現在一提到民族，就覺得會是一個敏感的字眼，會牽涉不牽涉到你今天在談的中國神話傳說，你填的都是漢民族的，你對少數民族的你該怎麼解釋呢？這種內容啊，我們說應該從歷史角度來看待，也就是說，在中華民族的發展歷史上，我們的民族融合，事實上是一個非常漫長，非常複雜，也是充滿了豐富內容的這樣一個特殊的階段性的問題。比如說，在春秋戰國時期，有學者曾經考證說當年的，按今天的民族類別標準，當年是有三四千個所謂的民族。那麼到了秦漢時期，只剩下幾百個。今天呢，我們成了五十六個，所以這一切都是一個歷史的模糊性的說法。為什麼呢，我們現在要真正的考證，說這個漢民族中融合了多少其他的成分，那麼，這是個非常複雜的問題。

今天這個中國神話傳說，作為一個民族記憶的重要內容，我們在這裡只說了一般性的內容。我想大家也都能理解我這種說法，也就是說我們這個民族的記憶方式。它對歷史的一種熱情，不是對歷史簡單的訴說，而是具有強烈的想像能力的一種表達。這個想像能力的表達，尤為重要的就是把它歷史化。這個歷史和我們民族的直接的歷史表達是有很多區別的，比如說，我們這個神話傳說時代，它更早的提出了一個問題，那就是說，第一個時代，天地是怎麼構成的呢？今天我們用科學來回答，現代知識說，宇宙大爆炸，經過大爆炸之後，這個粉塵怎麼樣濃縮，一下子釋放出來，好，這個地球變成了其中的一個星球。後來又有人說，比如像霍金曾經在自己的演講中提到，外星人可能是會存在的，有人翻譯說肯定是會存在的，但是我們的地球人儘量不要去接觸他們，否則可能會引起一系列的災難。也就是說，從假設上，他有自己的道理。但是我們今天呢，我們神話傳說中在訴說這個問題，該怎麼訴說呢？我們選擇了一個詞，叫盤古，所以毛澤東當時有一句話得到了很大的回應，叫做自從盤古開天地，三皇五帝到如今。

盤古這個詞是怎麼來的呢？盤古這個詞事實上是後人造的。是後人對他進行一種訴說所形成的。也就是說我們的神話傳說它並不是隨著歷史的發展而同步，它是一種想像。它包含了歷史的內容，歷史進化的內容，它並不是簡單的等同於歷史。那麼在我們的發展中呢，在我們的這個社會生活發展中我們可以看到這種現象，當我們訴說記不清的時候，我們常常用一種階段性的模糊方式，這個模糊方式來概括可能會更精確一些。比如說我們到車站或者機場接一個人，說這個人呢，我們給他描述，說他的臉可能是四方形的，每個部位怎麼怎麼樣，你拿了一大堆資料，好，你去找，卻什麼都找不到。你總不能找一把尺放到人的臉上量。但是一說這個人是個圓臉，是個雙眼皮，他的嘴巴上有一顆痣。好，可能就是做了很自然的一種排除。那麼在這個痣中，在這個圓臉中一定可以找得到這個人。同樣的道理，我們這個民族對自己歷史的訴說，我們要是完全用考古學的知識，你去訴說我們這個民族怎麼樣造了弓箭，怎樣進行射獵等等，這樣的訴說將失去它最動人的內容。因為階段性和模糊性，它之間的關係，在文化程式上來講，是一個永遠無法澄清的問題，即使在今天我們的科學知識和考古也是非常有限的。那麼神話傳說呢，是用了一種特殊的方式，一種模糊的想像訴說方式、表達方式，尤為準確的記述了這樣一個特殊的歷史階段。那就是先民，我們的祖先對我們的世界的起源之訴說。盤古這個詞具體比較早的出現在三國時期，一個吳人叫徐整寫的兩本書中，一個叫《三五曆記》，一個叫《五運歷年紀》。《三五曆記》和《五運歷年記》都是探討了我們中國古代文化神學的著作。今天我們把它概括為三才五行。但是事實上三才五行的概念也是戰國之後才慢慢的豐富和完善起來的。比較早的叫五方，五方的意思就是五個方面，就是東西南北中。我們的先人在時間的規範中，訴說規範中，形成了自己的一種基本秩序。這個秩序呢，實際上也包含了神話傳說的一系列內容。說天、地、人是三才，東西南北中是五行。三和五構成了我們這個民族最基本的時間概念。還有太極生兩儀，兩儀生四象，四象生八卦等，在主體上是這樣的，盤古開天闢地怎麼開呢？我們的《三五曆記》中、《五運歷年記》中，包括後來魏晉南北朝時期，有一個《神異記》中，一再提到了什麼呢？說當時的天地像雞子一樣，像雞蛋一樣，陽清為天，陰濁為地，盤古居於其中。如此一萬八千年，時天極高，時地極低，於是就有了天地之分。然後又說什麼呢？盤古這個祖先又影響了世界的發生，說他的呼吸變成了風雷，他的眼睛變成了日月，他的毛髮變成了森林、草木，他身上的小動物，像蝨子、跳蚤，這些東西變成了豺狼虎豹，他身上的經脈變成了丘陵、山川、河流。人們根據自己的生存條件、生存狀況訴說自己的起源。這在世界各民族中有著相同的現象，具有普遍性的意義。盤古開天闢地正表明了我們這個民族的天地觀、日月觀、自然生成觀。有了天地了，那人從哪裡來的呢？於是又進入了神話傳說的第二個時代。

第二個時代，我們的祖先描述的是女媧摶土造人。有天了，有地了，這個原來的世界空空蕩蕩的，沒有人怎麼辦呢？風雨雷電啥都有了，該人出場了。人是怎麼來的呢？今天我們用醫學知識解釋，說人是男性與女性的結合，然後生男生女。我們為了訴說這個東西啊，我們的《周禮》、《禮記》、《易禮》這些典籍中還一再說，「仲春之月，令會男女，於是時也。奔者不禁」。就是說，為了提高人口的品質，讓不同的部落之間這些優秀的青年男女，在春光明媚的時候走到一起，然後去自由組合吧。那麼，僅僅這樣訴說還是不夠的。為什麼呢？我們現在講，你說男人和女人一起造出了後代，這個造出了後代，我們還要問男人以前是什麼，女人以前是什麼，男人和女人以前是怎麼形成的。那就是步入了一個新的悖論，那就是先有雞還是先有蛋。你說人造了人，那人之前呢，有的考證說人是猿猴變的，你有什麼證據，你看見了嗎？你沒看見怎麼瞎說呢？這裡面就有一個神話傳說的記憶傳承方式問題。我們說這些神話傳說到底是真的還是假的呀。有人會說，誰講的，我奶奶講的，那你奶奶怎麼講的啊？奶奶的奶奶講的。你奶奶你見過，你奶奶的奶奶你見過嗎？沒有見過，沒有見過不存在嗎？奶奶這個詞，在我們的文化史上是一個偉大的字眼，是母親的母親。母親的母親這樣傳延，母親的母親，父親的父親，大家共同組成了我們的神話傳說。女媧是怎麼來的呢？於是啊，這就成了我們民族文化一種記憶傳承方式，就是假設，其實就是想像，而這個想像是最合理的想像。這個想像怎麼表白的呢？在我們的民族發展中，在我們的生活發展中可以看到這樣，不止我們漢民族信奉女媧，同樣，也和盤古一樣，不止一個民族，一個漢民族信奉盤古。我看到古代的文獻中提到盤古，說南海中有盤古國，如何如何，三國時期徐整提到了盤古，然後到魏晉南北朝時期，盤古的神話被進一步豐富起來，後來就更多了，尤其是到了明代，還專門出了一個《盤古演義》。那麼，女媧也是一樣，女媧是用摶土的方式造了人。直接提到女媧摶土造人是在《風俗通義》中，是東漢時期有一個學者叫做應劭，這個人做過泰安太守。他曾經和曹操還發生過一些聯繫。當年應劭做了一本書叫《風俗通義》，它的意思就是說研究風俗的一般道理的著作，在這本書中，他直接就提到了，昔女媧摶土造人，力物，拒不暇供，乃引繩於垣泥中，故富貴者，黃土人也如何如何。這個意思是什麼呢？說當年沒有人，是女媧用土捏製了人。捏製人，太累了，來不及了，後來拿起繩子在泥土中彈。彈得好的變成了富貴人，彈得不好的變成了殘疾人，如何如何。這裡面呢，應劭他沒有歧視人的意思，而是把民間的傳說方式做了一個記錄。那麼在這之前，女媧摶土造人也存在。這個故事有個影子，一個是屈原在自己的詩歌中說女媧有體，孰知匠之。意思是什麼呢？他說女媧也有自己的身體，那麼女媧是誰製造的呢？顯然他沒有明說女媧摶土造人，但是他提出這個問題，他用疑問的方式，提出了女媧摶土造人的傳說。再一個是《山海經》。《山海經》中談到地廣之野，有女媧之腸，越神人，如何如何。說女媧的腸子變成了十個人，這裡按照民俗學的解釋，就是說，女媧她是一個部落的大神，從她的腸子裡面，腹腔裡面走出來了十個人，變成了許許多多的部落。其實對於神話傳說，我們更多的是從記憶方式上來理解。如果我們把它等同於歷史，那麼神話傳說就是得到了一種真實的表達效果與表達能力。也就是說我們這個民族，我們對於自身的拷問，我們用盤古這個特殊的概念規定了我們是開天闢地之後的中國大地，我們的神州大地。而是用女媧摶土的方式，造就我們這個民族的軀體。所以我們後人解釋，中國有著非常重要的崇土觀念。我們講你這個人富有與否，常常講有自己的天地。說當一個人死了之後，常常講入土為安。說人身上的灰叫灰土、泥土等等，這些都成為記憶的傳說方式。女媧摶土造了人，造了人之後呢？造了有男人，有女人，於是便有了陰陽組合。那麼，誰來訴說這個內容呢，於是就有了伏羲女媧的結合。

伏羲是個什麼神呢？伏羲是一個農耕文明的或者叫做漁獵文明的一個重要開創者。我們可以看到中國的漢字啊，漢字有自己特殊的記憶的表述方式。比如這個伏羲，伏羲是一邊是個人，一邊是個犬。世界上就有犬圖騰的這種色彩。這個羲，上面寫的像個蘭花的蘭，實際上是羊，羊字把腿去掉了。下面是相當於禾苗的禾，這邊呢，是個戈。這個羲，包含的內容是什麼呢？其實就是農耕文明前期階段，畜牧養殖和他的守護，戈就是戰爭，就是守護的意思。那伏羲跟女媧的神話傳說中他們的結合，伏羲、女媧造人也如何如何，其實這裡就更晚了。在我們早期的著作中，在我們的文獻記載中，女媧它是早的，更早的。女媧早的呢是自己的活動，她跟伏羲之間並沒有太多的聯繫。怎麼聯繫在一起呢，是在唐代。唐代有一個詩人叫盧仝。盧仝曾經在自己的詩中說，女媧伏羲本是夫妻，於是有了這樣一個傳說方式。我們中國是一個詩的國度，是一個詩的民族。我們很簡單的理解為文字的詩，實際上我們還有歌謠，還有有趣的神話傳說，共同構成我們詩的內容。所以在我們的詩中，尤其是唐代的詩歌中，我們看到了相當多的類似的內容。女媧跟伏羲聯繫在一起，事實上這是神話傳說作為民族記憶所表達的結果。當年說女媧造了人。女媧造了人，你造你的，和人家發明漁獵的這個有什麼關係呢？《周易》中曾經詳細訴說了伏羲自己的故事。我們講到女媧，山海經中也好，屈原的詩歌中也好，講到女媧摶土造人如何如何，女媧有體，孰知匠之等等。那麼，伏羲是幹什麼的呢，《周易繫辭上》中提到，昔包羲氏，就是伏羲，「仰則觀象於天，俯則觀法於地，遠取諸物，近取諸身，與地之宜，乃始作八卦，以通神明之德，以類萬物之情」意思是什麼呢，說當年有一個叫伏羲氏的人，他根據對天和地的觀察，仰者觀象於天，看到天上的行星如何如何變化；俯者觀法於地，看到了大地上的江河奔流，山野茫茫，看到了還有什麼呢？遠取諸物，近取諸身，看到了周圍的世界，自己周邊的事件事物，乃始作八卦。做八卦的意思是什麼呢，其實就是說經過盤古開了天地之後，有了天有了地，有了人的自然環境，然後女媧摶土造人，這個伏羲呢實際上在進行著一種人類的可持續發展問題。這個可持續發展問題，更早被命名為文明可持續。這個文明怎麼可持續呢？他給它設定了一個叫做八卦，今天呢，我們對《周易》進行一個簡單的介紹，說在這八種元素中如何如何，形成了我們這個民族的基本的時間概念和地理概念，這只是一個方面。那麼在神話傳說中呢，始作八卦，以通神明之德，以類萬物之情，是為了總結天地變化之間人們的發展規律和生活規律，也就是說自然規律與社會規律的統一在八卦中。所以在《周易》中，我們常常看到這樣的字句，叫做元亨、貞、吉、凶如何如何，事實上有學者解釋，說在周易中，更多的是對自然變化的總結，特別是到後來，尤其是在唐宋時期，在社會發展大變革時期，比如說范仲淹。大家都知道范仲淹是一個偉大的改革家，他提出了什麼呀，先天下之憂而憂，後天下之樂而樂，其實他思想的提出並不是那麼簡單的。我曾經看過范仲淹的多種版本，他在幾十篇文章中，常常引用周易中的一句突出的話，那就是周易中的那句話：「窮則變，變則通，通則久也。」范仲淹在自己的著作中反復的引用這句話，說的道理是什麼呢，就是講究變通。那麼文化也是一樣，《周易》為什麼能夠用卦的形式，給我們的後人，給我們今天的人提供這麼多的精神財富，讓我們享受不盡。在某種程度來說，我們這個民族與《周易》的「易」有著非常密切的聯繫，所以我們在後來的哲學著作中，無論是先期儒學，還是後期儒學，尤其是宋學，理學，我們都能看到周易被學者們所影響的結果。那麼就是說，在我們的民族神話傳說中也是一樣。它訴說的方式，說窮則如何如何，富則如何如何，這當中有種統一。儒家把這種統一規定為一種條理化。那麼在《周易》中，我們可以看到窮則變，變則通，通則久也。「變」就是以規律的顯示來形成我們最深刻的記憶的。我們民族的記憶方式，並不像有些學者所訴說的那樣，說我們過於感性，不是這樣的。天人合一，天人相應，成為我們民族對神話傳說的一種特殊理解方式與表達傳承方式。對民族的記憶方式上，對神話傳說這種理解構成了我們這個民族的早期的哲學思想的基本範式。也就是在這樣的背景下，我們看到伏羲的持續發展，本來他是造八卦的，跟女媧造人互不相關，但是誰把他們連在一起呢，這是神話傳說發展變化的一個重要規律。也就是說我們的文化發展，強調自我的不斷修復。我們舉個簡單例子，就像我們的手被割破之後，我們用嘴簡單一吸或者進行簡單的處理，它慢慢的癒合了。長的時間不合呢，就出現病痛；長的時間合了呢，我們醫學上叫做血小板凝固。事實上一樣的道理，文化都有自己的修復功能。我們的神話傳說也是一樣，你前面有天地了，就像一個舞台，有舞台，沒有演員的舞台，舞台的意義就不存在。那麼演員出來了，人們怎麼呢，你光用泥巴捏還不夠，你一個人捏還不夠，伏羲女媧造人也，於是就出現了滾磨成親，又是戰鬥如何如何。所以在這個神話傳說中就出來了，說伏羲和女媧他們兩個結合的時候，出現了戰鬥的因素，在許多文化傳統中都有滾磨成親的內容。在演義中，伏羲和女媧的結合，事實上是文化修復的結果。也就是說你光生孩子還不夠，你還要優生優育，如何優生優育呢？兩個人更合理一些，這就提出了我們後來對文化的尊重。沒有文化的民族是一個可悲的民族，怎麼可悲呢，文化是什麼呢？文化其實就是歷史的一種重新訴說，文化的實質是屬於歷史的，歷史創造了文化。那麼在這樣的意義上，我們可以看到女媧造了人，造了人之後，文化修復中說不是你自己造的，是誰在造的，是婚。什麼叫婚呢？我們可以看到，一個女，一個氏，一個日，這是婚字。其實這裡面也包含了我們這個民族的特殊記憶方式。這裡面提到的女氏不同的部落之間的組合。這個日，有的人理解為太陽，有的人理解為是對太陽崇拜的結果，並不是直接的太陽。這是什麼意思呢？這裡面顯示了對天地的證明。那麼女媧跟伏羲所做的功績呢，就是兩個人用儀式代替了簡單的摶土造人。人們明白了婚姻與生育的密切聯繫，或者叫做直接聯繫。從中我們能看到什麼呢？有的學者說，從女媧和伏羲兩個神話傳說故事中，可以看到我們這個民族從親婚制到對偶制的漫長發展的結果。有的學者還用雲南的那種瀘沽湖，只知其母不知其夫那種原始共產主義色彩的婚姻方式來去解說這種現象。有沒有道理呢？有，但是呢，民族學也好，人類學也好，包括我們的考古學，應該說在生活面前在文化面前，我們的一切解釋常常表現的無能為力。因為什麼呢？因為先民的訴說是一種記憶，是對歷史的一種混沌的訴說，並不是簡單的歷史記錄。一加一等於二，在這裡面一加一什麼都可以等於，甚至一加一可以等於零。為什麼呢，這是假設，假設是記憶的一種重要基礎。那麼在假設中，他並不是簡單的設定，而是由自己的生活、知識、生產、審美等一系列文化能力，包括記憶能力的重新組合。所以神話傳說在不同的時代，在研究的同時，也等於他對記憶表達的同時，那麼，伏羲和女媧滾磨成親也好，他們發明了婚姻也好，便規定了後人的生活方式。從這中我們還可以看到，他除了對卦的製作之外，還強調了河圖洛書等一系列的問題。說伏羲造了鼎，伏羲造鼎成了我們民族神話中有幾個重要的方式，那就是政權的確立。這裡面這三個神話構成了我們民族三個重要的背景，天、地、人之間的密切聯繫。在某種程度上來說，盤古開天闢地，只是造了一個人類活動的基礎的空間，那麼女媧用摶土的方式造就了自己的子孫，而加入了伏羲之後，又有了更多的內容。一個內容是有了自己的生活來源，伏羲教人漁牧，製作衣裳，又是教人婚儀怎麼怎麼，這些都形成了一種特殊的證明。這個儀式的實質就是證明，所以這個民族的記憶形式，它並不僅僅是用神話傳說，而是和神話傳說相結合的一種生活的記憶。所以我們經常在生活裡講，女媧摶土造人，人是從土裡面出來的，又說伏羲教會了人們漁獵，如何如何。我們把八卦作為我們這個民族最早的文字書寫方式。這種訴說改變了以往結繩記事的方式。當然歷史是進化的，神話傳說在歷史的發展中也在不斷地修復自己的內容，於是就出現了伏羲與女媧的結合，使人的發展更為持久，更為繁榮，更為生動。使神話本身具有了極大的活力，那麼在記憶的能力上也在不斷地增強。也就是說這些神話傳說每一次在講述的時候，它的傳說的影響方面都構成了我們這個民族一代又一代的知識組成方式，或者說構成了我們這個民族的基本的倫理性內容。我們常常講，倫理意味著對人的枷鎖，是對人的思想，對人的情感的桎梏。事實上，我們不能簡單的理解這個問題，如果沒有秩序，我們的時間，我們的空間作為單位常常就無法存在。也就是說在神話傳說的基本內容這個記憶能力方面，形成了我們這個民族在對自己歷史的特定表達的同時，也是在對自己的生存方式和文化形成方式做出重要的貢獻。

經過了盤古，經過了女媧，經過了伏羲，人有了自己的天地，有了自己活下去的理由，有了自己結婚的方式，同時又該怎麼進一步的發展呢？於是又出現了神農嘗百草。有人說神農和伏羲不一樣。神農怎麼不一樣呢？神農就是農神。就是使得我們獲取了更多的生存的資料。這些生活資料怎麼構成的呢？除了我們當年圈養了一些動物之外，還有一個就是獲取糧食。所以這個許多地方，我們是說神農本草，是吧？以神農作為本草的慣稱，這顯示出神聖。神農，在傳說中說什麼呢，尤其在先秦典籍中一再的訴說。神農嘗百草，居於九毒，一日其腸斷多少次。說神農的肚子是透明的，他吃了那些有毒的草之後，他的腸子就斷了。所以就用他的犧牲自我，給我們的民族留下了許多東西。意思是什麼呢？使得我們民族獲得了農耕的重要內容。我們這個民族，在神話傳說中，用神農這個概念來點明我們比較早的記住了農耕時代。這是我們民族的特殊的記憶形式，也是我們的記憶內容。這個記憶形成和記憶內容，構成了我們民族的一種特殊的審美表現方式。在社會發展中，人們對自身的認識，常常依據於想像。但這種想像並不是無端的，它有自己的歷史的影子，也有自己歷史的知識，有自己歷史的經驗。這樣經驗包含著更多的是生活經驗，或者說人生按照自身的經驗，塑造了自身，包括自己的神話傳說等一系列的文化內容。那麼，在經過了神農的時代之後，人們又言說了什麼燧人氏、有巢氏等一系列與人的居住生活條件相關的內容，於是又出現了一個新的階段，那就是炎帝和黃帝。炎帝和黃帝其實也並不是一個密切聯繫的整體，為什麼呢？有人說我們是炎黃子孫，其實這就是巨大的時間空間，也就是說後來又有人講炎帝神農。其實也是不相干的，為什麼不相干呢？神農是神農，炎帝是炎帝。炎帝作為五方之帝，他居於南方，就是說這裡面呢，是種神話傳說的一次次的組合，表明了這個民族對文化的重新的修復。在神農身上，人們看到了炎帝的影子。所以炎帝發明了火，開荒種地。火的使用，使人們的生命品質不斷地提高。生活有了更多的保證，告別了茹毛飲血的蠻荒時代。所以神農和炎帝就組合成了我們民族最深刻的記憶。有此還不夠，人們還要什麼呢？我們看炎帝的代表。炎，是兩個火。火，作為記憶的特殊背景是什麼呢，其實是火圖騰。我們這個民族有多種圖騰構成的，五十六個民族，由眾多的圖騰方式構成的。這些圖騰背後有一種信仰，實際上就是神話傳說，來去使它更加完善起來的。神話傳說中給予火一個很高的禮遇。除了神農之外，我們還可以看到燧人氏鑽木取火等等。這些都是集體的智慧，用炎帝神農這樣的一個訴說的方式做了概括總結。

我們的神話傳說是我們的祖先創造的，但是並不是一個時期的，而是歷代共同的記憶傳承中所形成的。這正構成了我們民族文化的生動，他的燦爛輝煌，他的博大精深。那麼，炎帝和黃帝是如何組合的呢？在神話傳說中，本來炎帝是南方的民族，他用火開創世界，同時他用火也規定了人們的文化行為方式。以火為圖騰，這是歷史的一個巨大的進步。黃帝也是五方之帝的訴說結果。黃帝是中央之帝。我們這個民族講到幾個方位，說東方、南方、西方、北方、中方，這五個方面，我馬上再講，它都有自己特殊的神話傳說背景，也就是說我們的神州大地到處都有神話傳說在傳承，在流傳，在記憶。那麼，在這些神話傳說中，它所具有的內容是極其豐富的，也是極其複雜的。在這種記憶的能力的表現上，黃帝是因為對土的使用和理解，構成了他的特殊位置。所以有人說，黃帝是怎麼成功的呢？黃帝是中華文明具體形成的標誌。有學者考證，黃就是華，他在語音上是一致的。黃帝就是華夏之祖，就是黃和華的一種統一。當然啦，不同的演說有自己不同的訴說方式。在話語構成上我們的祖先有自己的解說內容，就構成了自己的訴說方式。我們說，黃帝呢，他經過了戰爭，這個戰爭是和誰發生的呢？我們這個《史記》中就這個黃帝給予了特殊的言說。司馬遷當年做《史記》的時候，他對伏羲、女媧、神農、盤古等等，根本都不予理睬，他理睬了誰呢，他說，百家言黃帝，薦紳先生所言之，吾不敢盡信也。他講的最早的是誰呢？黃帝。黃帝那個時代之前有沒有呢，有沒有呢我不說。薦紳先生所言之，百家言黃帝，就是大家都在說，但是我不那樣說，為什麼呢。司馬遷做《史記》有一個了不起的貢獻，他把神話傳說作為歷史記述的同時，他顯示了自己的史學態度，為後人做出來表率，但是呢，後來有許多學者也批評司馬遷，說司馬遷你怎麼這樣不負責任呢，你怎麼把神話傳說都寫成了歷史呢？其實在某種程度上來說，歷史具有神話和傳說所具有的內容、想像的內容。這種內容常常具有仁者見仁智者見智的這樣一種問題。我們今天說神話傳說，什麼叫神話傳說，都是瞎話，都是胡說八道。拿個斧子去砍天，你能砍出來嗎？你非要那樣去認識不行，那就沒法再對話了。也就是說，神話傳說作為一種記憶，它是一種想像，這種想像是有自己的背景的，但是這個背景並不是完全真實的。那麼這個真實與不真實之間到底是什麼樣的結果呢，什麼樣的聯繫方式呢。這個問題相當複雜，我們很難在一個有限的時間內進行解說，而是說我們強調的是炎帝和黃帝共同的構造了這個民族的生存框架。這個生存框架，把人跟歷史緊密的聯繫在一起了。而且在炎帝和黃帝中，發生的戰爭都是一個什麼樣的戰爭呢？後人做的一個修復，在文獻中說，炎帝生於姜水，黃帝生於姬水，就是說在姜水那個地方生出了炎帝，在姬水這個地方生出了黃帝，他們兩個是一個母親。他們是兄弟兩個。是兄弟兩個嗎？不是，是後人的訴說，用記憶的方式把他們聯繫在一起了，於是今天說我們是炎黃子孫。這就是我們這個民族的記憶力重要表現。我們可以去尋根去溯源，可是，我們的根源在哪裡呢？就是在偉大的文化空間，就是我們的神話傳說構成我們這個民族古老的記憶。這種記憶形成了我們今天對於歷史的一種認同。你說中國人都是炎帝、黃帝的子孫嗎？有人會跟我抬摃，或者有人是滿族，會說怎麼怎麼，你不要光侃啊，你要是跟我論起來，或者我是回族，我的家在西域。這是一個訴說方式，中華民族是大家共同組合的，是以華夏族為重要主體的這樣一個歷史的特殊背景。你說我考證了，我們這裡很多民族都不是本地的，甚至都是外鄉人移過來的，那可能就沒法再說了。歷史作為一種神話的傳說方式，它記憶能力的體現是我們這個民族對於文化的創新能力和文化想像力的重要表現。那麼黃帝時代就構成了一種文化大繁榮，文化大發展的一個大爆炸時代。所以我們可以看到，黃帝為什麼能成為我們這個民族最重要的文化標誌呢？是因為在黃帝的神話傳說中，我們可以看到我們民族偉大的創造，它奠定了我們民族生存的重要基礎，這個生存和盤古開天闢地的意義是一樣的。比如說倉頡造字，倉頡造字中是淮南子比較早提出來的，說倉頡造字天雨粟，鬼夜哭。什麼意思呢？說倉頡造了字後，天上天天下了很多很多的小米，成群的鬼在野地裡都亂哭嗷嗷亂叫，幹什麼呢？其實倉頡造字，古人造了字以後是形成了一種偉大的發展轉折，就是當年的八卦，還沒有基本的文字形式。倉頡造的字，象形被具體化，告別了結繩記事那樣一個時代，從而形成了一種特殊的文化傳統。這個文化傳統就是用記憶的方式來訴說。比如說還有其他的，像王亥牧豬，王亥伏牛，還有像什麼啊這個，儀狄造酒，高原造石等等，這個時候，就是黃帝時代又發明了指南車和應龍的一系列故事。這些神話傳說中的一系列內容，都是我們這個民族，應該說是對生產方式的重要的表述。在這個表述中形成了自己的記憶形式，在記憶中訴說自己的歷史。黃帝時代出現了非常多的神話傳說，一方面把它和希望模式連在一起，說黃帝時代成為我們民族發展的一個重要集大成。我們剛才講了倉頡造字有了歷史的新的書寫；說高原造石，當年人們穴居，上古之時，人皆穴居之，和狼一樣，和野獸一樣，在窟窿裡面住。黃帝時代出現什麼了呢，上棟下宇，有了房子，除了這些之外，還有儀狄造酒。說儀狄發明了酒，人除了吃的，剩餘的造成了酒。事實上這造成了一種特有的昇華。文字也好，酒也好。都是文化轉型的重要表現。那麼在這種意義上，黃帝還有一個問題，就是制度的創造。當年伏羲和女媧造了婚姻，這是從婚姻的形式上做了一個禮拜，或者一拜天地等相當於這些，並不一定指這些，那麼在這時期又有了制度建設，什麼制度建設呢？說黃帝有二十五子，這二十五個兒子怎麼樣呢，祥國八百年如何如何。二十五個兒子相當於二十五個部落，這裡面包含了對社會的穩定發展，尤其是在黃帝的神話傳說中，還有嫘祖。嫘祖大家都知道是吧，嫘祖教婦女做絲，織布這些活動，使得人的肢體有了更高的發展，告別了以往簡單的一種訴說方式，還有更重要的是什麼呢，黃帝訪廣成子。在黃帝的神話傳說中呢，說他訪道廣成子，訪道華蓋童子等等，在訪道中得到了治國平天下的道理。當你伏羲鑄一鼎，黃帝這時候要鑄五鼎。這五鼎是什麼呢？又劃分天下為九州，九州為五方，五方中的居於中央，於是黃帝神話使我們中華民族延續至今的文化傳統在那個時代形成了重要的集散地，也就是說我們今天所有的生活，它的源頭在黃帝時代都能找到它的影子。這個影子就是神話傳說的具體內容，其實也就是記憶的一種表現方式，所以黃帝時代成了集大成，二十五個孩子，後來成了眾多的四面八方的部落。好了，經過了漫長的發展之後，還有一個問題，那就是人對自身的思索，進入了一個新的階段。黃帝時代神人雜糅。怎麼神人雜糅呢？在《山海經》中曾經提到，一個原野中，有一個叫建木神樹，建就是建設的建，木就是樹木的木。說建木神樹是黃帝所為，太河環過。意思是什麼呢？說在一個原野裡面，天上和地下是相通的，這個相通呢，大樹叫做建木，有的人理解成為扶桑，有的提到說這個扶桑樹，其實這不是一回事兒，建木是建木，扶桑是扶桑。扶桑那個地方是太陽升起來的，太陽為什麼那麼明亮啊，說是從東海出來，又說扶桑之樹，那個地方有神雞一叫，於是太陽就出來了，如何如何。那麼黃帝的建木實際上是人神相通的一條通道，我們今天把它叫做綠色通道。於是，到了黃帝的孫子的時候，出現了一個特殊的人物，這個誰呢，叫做顓頊，顓頊是什麼樣的人呢？《山海經》裡面講啊，說是黃帝生白馬，白馬生駱明，駱明生顓頊，顓頊是為帝也。

顓頊是黃帝的孫子輩，是他的子孫。他的重要表現是什麼呢？是神話傳說故事進入了一個新的時代。這個時代是什麼呢？說顓頊在出生的形狀上，他一出生的時候像個豬，像個小豬娃，小豬娃他善弄琴。說有深淵的地方，他善撥琴弦，說他曾經把琴弦投在山谷裡面，至於說其他的沒有訴說，這是《山海經》。後來又說顓頊是為帝也。怎麼著呢？顓頊做了一個重要的事情，後人把它稱為宗教改革，說當年的神人一體，秩序常常很混亂。那顓頊做了一個什麼呢？顓頊是為帝也，使重極上於九天，使黎窮應於下地。這是什麼意思呢，顓頊他手下有兩個大臣，或者是兩個英雄，一個叫重，就是重要的重，說是重使勁兒把天托起來，使一個黎狠狠的往地下去拉。顓頊把神和人分開了。但是也正是因為此，顓頊九子不成龍，他生了九個孩子，這九個孩子沒有一個成器的。黃帝的孫子到此算是完了，是老子太英雄了，兒孫顯得無能了。說顓頊的九子不成龍，怎麼不成龍呢？有的趴到墳墓上變成一隻鳥，變成了守墓神；有的趴到房檐上變成那個滴水了，有的變成刀劍上的鈕了。反正這九個孩子，有的人說九個孩子，其實並不是指九個，而是他所有的孩子都沒成器。所以我們講啊，富不過三代，其實講的是人類文明的可持續發展問題。這個可持續發展，在神話傳說中就叫做傳代。黃帝的孫子成了顓頊，顓頊的兒子就不成器了。那他的孫子從哪裡來呢？說浩浩蕩蕩，茫茫四野，於是出現了神話傳說中的堯舜禹時代，出現了堯。

堯的出現我們可以從文獻中看出來，淮南子等等書中說。逮之堯之時，十日並出，焦禾稼殺草木。說堯的時代，十日並出，這是為了訴說后羿射日的，給他設置個空間。說堯之時，堯的時候，洪水滔天，天上太陽也是十日並出。十個太陽一塊兒跑出來了，人民焦渴難忍，有人看那個堯，我們都可以想想前一段雲南廣西大旱，當時如果再往前推，那個時候我們就可以說與堯這個時候的神話傳說相聯繫。人們根據自己的生存及其生活經驗形成了對自己的文化的一種判斷和表述，這就是我們這個民族記憶的重要表現。那麼經過了顓頊時代之後，堯這個時代，其實堯呢，在某些程度上來說，他仍然是黃帝的後代。為什麼呢，大家看這個堯，堯這個字啊，上面三個土，下面有一個 π，就是這個 π =3.1415926的這個。堯的意思就是用土堆起來的很高的山。堯的建構方式在黃河流域，說在陝西那地方有一個堯山。有了堯，堯治時，有一個大英雄叫后羿。他把天上十個太陽給射下去了。除了這之外呢，他還發現了一個賢能的人，舜。說舜，有人又解釋，說舜也是黃帝的子孫。從哪裡講起呢？說舜的圖騰是「犁山耕象」，說用大象來耕山，有農業史家曾經考證過，象耕田呢是我們古代很可能存在著一種農耕的方式。其實關於這一點呢，我曾經看過一個《科學探索》裡面的一個內容，講到一個商人種了很多東西，用驅趕成群的豬，讓牠們翻地，說翻的效果特別好。但是神話傳說常常只是一種記憶的表現。那麼記憶中呢，你不應該把它與歷史的真實完全簡單的等和。在這種意義上，堯的時候，一方面是英雄，把天庭的秩序規定了；一方面是舜把地上的秩序鞏固了。這就使我們想起了中西神話的重要不同。我們在中西文化，古希臘神話中，常常看到的是什麼呢？是太陽神阿波羅駛過天庭的時候，轟轟隆隆的太陽石使天庭保持自己的秩序。而同時呢，又有九（酒）神。說九神和太陽神不同的是，太陽神是在建構秩序，而九神常常是破壞人間的秩序，正是由於九神對於人間的破壞，構成了西方藝術的產生。

東方文化不是這樣，東方文化從一開始就形成了自己的秩序糾正。這種混沌性的融合方式，它經歷了把它們融合在一起，於是形成了東方文化的一種秩序性內容，這就是神話時代。到了舜和堯，在某種程度上來講，是對顓頊的宗教改革，是神人發混之後，對人間秩序的一種繼續建設。這種可持續發展，舜的神話，除了對堯的政治的傳承，禪讓政治，選賢舉能，發現了舜。這個訴說方式跟以前不一樣了。我們可以看到黃帝之前，大家打打鬧鬧，到顓頊時期又進行了神人分野。那麼到了堯這個時代進行了秩序的整合。而進入了舜的時候，說舜曆親民。他除了親民，他還非常以孝來作為自己的特徵。這個大舜不僅僅是耕作土地，同時還有他在地上曾經跟他父親有特殊的聯繫。說他爹是個瞎眼，娶了一個後老婆。娶了個後媽之後呢，結果把這個舜，讓他淘井並要把他封到裡面，他從那個土裡面出來了。後人又把他演繹成什麼呢？說娥皇、女英，說堯有兩個非常漂亮的姑娘，嫁給了舜，舜和她們一起走訪世界的四面八方，然後使天下太平。同時在舜的世界中，又一次重複出現了災難，就是夏禹。

大禹神話成了中國神話傳說的重要總結。這個總結怎麼形成的呢？也就是說，正是因為堯訪賢。堯王訪賢成了很著名的神話傳說故事，發現了舜，發現了舜的賢能。那麼舜在治理世界的災難上，又發現了鯀。就是當洪水滔天的時候，發現了鯀的特殊的能力，說鯀治水如何如何。說鯀治水沒有成功，怎麼沒有成功呢？說洪水太猛烈了。鯀用築堤的形式階段性的完成了堵水的任務。但是堵水常常是有限的，洪水越堵越高，結果造成了人民活為魚鱉，說成群的人民像魚鱉一樣在水裡面生存著，失去了自己的生命。說天帝非常憤怒，就有了舜對鯀的一種懲罰，說使吳刀剖之，窮極於九源，讓把他殺了，然後用吳刀把他剖開，結果剖開以後發現什麼呢？說在鯀的肚子裡面出現了一條黃龍，這個黃龍在深水裡面游來游去，變成了禹。所以後來的神話傳說，有些研究專家說，大禹是條蟲，其實講的就是這個故事。這個蟲呢，並不是簡單的昆蟲的蟲，而是一個民族的文化訴說方式，是龍的一種變體。我們這個龍崇拜之前呢，肯定還存在一個圖騰體系，也就是龍圖騰之後還有蟲圖騰。蟲圖騰在一些少數民族的神話傳說中，比如像蝴蝶啊青蟲啊等等，都有自己的崇拜方式。那麼，在我們的文化整合中。它常常被一種新的變形形式來去訴說，於是就有了大禹治水這一系列的內容。大禹治水又形成了一系列的階段。禹治水三過家門而不入，我談到這一點的時候啊，對於三過家門不入，是他的生殖能力有問題，我說你竟敢這樣講是應該被打的。為什麼呢？一個民族的這種神話傳說不符合實際的解說，是非常憤慨的。有一個學者竟然敢在大庭廣眾之下，說大禹治水神話傳說，他並不僅僅是對自己歷史訴說的記憶傳承，而且還包含了對自己民族的神聖性的文化精神的傳承。這種犧牲精神，表明了我們這個民族的特殊嚮往。犧牲自我服務於天下，構成了我們這個民族重要的精神主體。那麼在這種基礎上，神話傳說，對於大禹治水的重複，這種記憶，這種表現，其實都體現了我們民族的一種偉大的文化品格，就是犧牲與奉獻精神，勇敢精神。這是一種高尚的品質的表現，我們容不得對他的褻瀆。同時，在大禹治水中，我們看到的大多是悲壯，這種悲壯還體現什麼呢？還有神話說塗山氏，塗山氏在神話傳說中，有的被寫成是九尾狐，其實是什麼意思呢？我覺得其實存在著一個不同部落的圖騰。塗山氏在塗山這個地方，他唱著說，候人兮猗候人兮猗。其實，我們把它翻譯成今天的歌曲形式，大家可以想像，他唱著，等著你啊等著你啊。我們作曲家把它譜寫成最神話，絕對是很好聽的。這就像我們說的千年等一回。這不是千年等，這是幾萬年等一回，等的是什麼呢？等的是大禹治水，大禹這個偉大的英雄。所以有的神話傳說中提到大禹治水的時候，要過軒轅關，說在那個地方挖土。說挖土怎麼扒開呢。說塗山氏，你給我送飯來。送飯來當然是我餓的時候。他說，我叫你來你就來，我不讓你來你別來，他說怎麼來呢，他說我擂鼓，咚咚咚一敲，你就來，我要是不敲你別來。說大禹治水的時候變成了一頭巨大的黑熊。說他開始挖土了，不小心那個土石塊砸到那個鼓上了，咚咚咚響起來了。這一響啊，這個塗山氏趕快把飯給送過去，結果一看自己的丈夫怎麼是一隻黑熊，說慚而去。其實這個是後人對前人的一種敘說方式，變成熊就醜了嗎？不醜啊。熊圖騰是我們中華民族歷史上一個偉大的文化視角，為什麼呢？曾經有一位學者，我的一位朋友曾經寫了一本《熊圖騰考》，熊圖騰在我們的文化史上肯定是存在的。但是今天我們罵人常常用這個熊圖騰，一些詞眼去罵人，這是兩回事。我們的熊圖騰中，在這裡被訴說，說大禹變成了一頭黑熊，塗山氏來的時候害怕了，說大禹發現了，發現了以後塗山氏就跑了，她跑了大禹就攆她，說歸我子，歸我子。說你還懷著我的孩子呢，你不能跑啊。你把孩子給我生下來再說啊。原始的時候真是那樣嗎？即使是那樣，你看見了嗎？你看見了應該怎麼說。說大禹看見自己的妻子跑了，他就追趕她。在今天的嵩山下有啟母石。說到那個地方的時候，大禹親眼看見了他的妻子變成石頭了，他就喊，結果石破百方而生啟，說大禹的兒子從石頭裡面出來了，所以啟秉承了大禹的業績，建立了夏王朝的又一個政權，就是夏朝的後代。在大禹治水神話傳說中呢，內容非常豐富，除了愛情神話之外，說還有其他的，比如像禹伐三苗。說三苗作亂，邊疆地區的少數民族發生了戰爭，所以禹去那裡征伐。常年的征伐常年的戰爭，還有風雨勞作。說大禹這個腿啊，腿肚子上都沒有毛髮了，都沒有毛了。所形成了一種枯槁，像鳥來回走一樣。後人在歌唱中說的，普天之下，皆禹之功。說我們的江若無大禹，人或為魚鱉。如果沒有大禹治水，我們都成了水中的魚鱉，人們將不存在。那麼，在中國的神話傳說中呢，大禹治水形成了我們中國神話時代的最後一個時代。也正是因為他的偉大、精彩、悲壯、生動，形成了我們這個民族神話傳說的最強音。中國神話傳說時代在這樣的文化遞構中，被我們的人民一代一代延續。今天在許多地方，有一個與世界其他民族相當不同的現象，就是以廟會的形式，成為我們這個民族的特殊記憶形式。比如說在廣西、廣東、河南，我曾經看到過很多盤古廟廟會。有一年，我在廣東的一個高校，參加他們的論文博士答辯，其中一個博士生，他曾經做過廣東一個瑤族自治區的首長，他曾經根據調查，考證了盤古和磐虎，他說二者是一致的。這裡面我們沒有發言權，為什麼，盤古和磐虎到底一致不一致，應該尊重當地民眾的訴說，他們有自己的記憶方式。那裡的盤古廟會，有的把它稱作盤古會，有的稱作磐虎會，有的成為盤王會，無論如何，都顯示出對我們祖先的尊重。

　　再一個是女媧，女媧在越南北部，就是原來的交趾，我們的漢代曾經設置為一個郡，說我們版圖的那個地方，有女媧神話的傳說，有女媧廟，後來我在河南、甘肅、河北等許多地方，特別是太行山上看到許多女媧廟。很多地方還有很隆重的廟會，比如說像河北十堰的媧皇宮，在懸崖峭壁上面，不知道用什麼方式建成了一個女媧殿。我到那裡去考察的時候，他們說這都是幾代人用羊運的磚石，說當年人走那個山石走不上去，羊腸小徑啊，趕著成群的羊，一個羊身上掛著幾塊轉頭，趕著羊把磚頭送到上面，建起了巍峨的宮殿，人們在那裡建造了女媧的神像。我們可以想像，在懸崖峭壁上建立我們祖先的神像意味著什麼，高山仰止，這裡面存在著非常虔誠的態度，所以這種記憶就融為我們的信仰，我們的祖先關照著我們。伏羲廟也是一樣。河南的淮陽有一個太昊陵，其實太昊和伏羲是兩個人，伏羲是西方的，太昊是東方的。一個是太陽神，一個是西部的動物神，他們如何融合在一起呢，實際上還是神話傳說的結合。融合在一起呢，淮陽那個地方說什麼呢，說太昊伏羲陵，說那裡有畫卦台如何如何，這裡面都顯示出我們這個民族的記憶方式。每年的二月二到三月三，很多老百姓從四面八方到那裡去。我曾經在那裡看到老百姓跳舞啊，來回的旋轉，他們叫龍配。問她們是怎麼來的，她們說伏羲女媧相交配，是當年的那種方式，這裡面你不要把這個當做簡單的巫術或者用迷信來概括，事實上包含了我們這個民族非常虔誠的一種記憶表達。這是對祖先的一個禮拜形式。還有許多地方，比如我在江西，台灣，我們都看到那裡有許多盤古廟、伏羲廟，香火非常旺盛。這些都體現了我們海內外中華民族的子孫對自己的神話傳說的共同的認同。還有，像黃帝，陝西那個地方，黃帝陵。河南新鄭的軒轅故里，一個死一個活一個出生。祭拜，祭是送他升天的地方，祭黃帝陵。拜呢，拜祖，拜祖大典。前些年我們可以看到黃帝拜祖大典。國民黨的領袖連戰都曾經從台灣趕到這裡來。他來到這裡幹什麼呢，他來到這裡實際上也就是表明一種姿態，事實上是表達了對於文化的一種認同。我們可以看到，在我們內地大陸上，許多地方的神話傳說集中的地方，我們的遠古大神。他們的廟會迎來了四面八方的相親。海內外，特別是海外赤子，不遠萬里，受多少苦難來到內地叩頭，行最神聖的禮儀。這就是我們民族最神聖的記憶。

剛才我們講說我們的中國心是如何構造的。中國心事實上就是用神話傳說這些最特殊的記憶作為我們民族最古老的學問所形成的一種訴說，也正是因此，我們五十六個民族形成了偉大的文化認同，也就像我們一個歌聲所唱的，五十六個民族五十六朵花，五十六個民族是一家。偉大的民族認同，構成了我們神話傳說的記憶創始與訴說方式，這正是我們中華民族偉大的復興的福音，也因此構成了我們這個民族自己的訴說方式。我們的民族認同在今天形成了我們的民族凝聚力與向心力，因此，我們提出來了實現民族的偉大復興。也正是我們民族的進步，我們文化的發展，我們民族記憶力的進一步增強，才構成了我們這個民族的空前的進步與發展。

中國神話傳說與民族記憶有著非常密切的聯繫。也就是說中國古代神話傳說的記憶和流傳並非只是一種故事的流傳，還包含了我們這個民族對自己的歷史的認識，對自己的傳統文化的總結，尤其對自己精神品格的認同與發展。

在今天，我們屹立於世界民族之林，我們靠自己的神話傳說為重要內容的傳統，形成了自身的重要標誌。我們見賢而思齊，弘揚了千百年來所形成的偉大精神，使我們的生活更加豐富更加精彩，也使得我們民族展現出特殊的魅力，而贏得世界人民的尊重。當然，我們今天將中國古代神話傳說，我們並不排斥還有更多的內容，我們對其他民族的神話傳說，也應該給予足夠的禮遇。但是今天，我們尤其要記住的是我們作為一個中華民族的子孫，我們應該記取自己輝煌的歷史，保存自己獨特的記憶！謝謝大家！

哲學宗教類 PA0075

開天闢地
——中國古典神話時代及其類型

作　　者／高有鵬
主　　編／蔡登山
責任編輯／林世玲
圖文排版／楊家齊
封面設計／秦禎翊

發 行 人／宋政坤
法律顧問／毛國樑　律師
出版發行／秀威資訊科技股份有限公司
114台北市內湖區瑞光路76巷65號1樓
電話：+886-2-2796-3638　傳真：+886-2-2796-1377
http://www.showwe.com.tw
劃撥帳號／19563868　戶名：秀威資訊科技股份有限公司
讀者服務信箱：service@showwe.com.tw
展售門市／國家書店（松江門市）
104台北市中山區松江路209號1樓
電話：+886-2-2518-0207　傳真：+886-2-2518-0778
網路訂購／秀威網路書店：http://www.bodbooks.com.tw
國家網路書店：http://www.govbooks.com.tw

2014年7月　BOD一版
定價：270元

國家圖書館出版品預行編目

開天闢地 : 中國古典神話時代及其類型 / 高有鵬
著. -- 一版. -- 臺北市 : 秀威資訊科技,
2014.07
面； 公分. -- (哲學宗教類 ; PA0075)
BOD版
ISBN 978-986-326-269-5 (平裝)

1. 中國神話 2. 民間文學 3. 文學評論

282 103011908

讀者回函卡

感謝您購買本書，為提升服務品質，請填妥以下資料，將讀者回函卡直接寄回或傳真本公司，收到您的寶貴意見後，我們會收藏記錄及檢討，謝謝！如您需要了解本公司最新出版書目、購書優惠或企劃活動，歡迎您上網查詢或下載相關資料：http:// www.showwe.com.tw

您購買的書名：______________________________

出生日期：________年________月________日

學歷：□高中（含）以下　□大專　□研究所（含）以上

職業：□製造業　□金融業　□資訊業　□軍警　□傳播業　□自由業

□服務業　□公務員　□教職　□學生　□家管　□其它_____

購書地點：□網路書店　□實體書店　□書展　□郵購　□贈閱　□其他

您從何得知本書的消息？

□網路書店　□實體書店　□網路搜尋　□電子報　□書訊　□雜誌

□傳播媒體　□親友推薦　□網站推薦　□部落格　□其他__________

您對本書的評價：（請填代號　1.非常滿意　2.滿意　3.尚可　4.再改進）

封面設計____　版面編排____　內容____　文／譯筆____　價格____

讀完書後您覺得：

□很有收穫　□有收穫　□收穫不多　□沒收穫

對我們的建議：______________________________

____

____

____

請貼
郵票

11466
台北市內湖區瑞光路 76 巷 65 號 1 樓

秀威資訊科技股份有限公司　　　收

BOD 數位出版事業部

(請沿線對折寄回，謝謝！)

姓　　名：＿＿＿＿＿＿＿＿　年齡：＿＿＿＿　性別：□女　□男

郵遞區號：□□□□□

地　　址：＿＿＿＿＿＿＿＿＿＿＿＿＿＿＿＿

聯絡電話：(日)＿＿＿＿＿＿＿＿ (夜)＿＿＿＿＿＿＿＿

E-mail：＿＿＿＿＿＿＿＿＿＿＿＿＿＿＿＿